100位

为新中国成立作出突出贡献的英雄模范人物

夏 明 翰

于 元/编著

★

吉林出版集团 | 吉林文史出版社

图书在版编目（CIP）数据

夏明翰 / 于元编著. -- 长春：吉林文史出版社，
2011.4（2024.5重印）
（100位为新中国成立作出突出贡献的英雄模范人物）
ISBN 978-7-5472-0565-5

Ⅰ. ①夏… Ⅱ. ①于… Ⅲ. ①夏明翰（1900～1928）—
生平事迹 Ⅳ. ①K827=6

中国版本图书馆CIP数据核字（2011）第050790号

夏明翰

XIAMINGHAN

编著/ 于元

选题策划/ 王尔立　责任编辑/ 王尔立

装帧设计/韩璘

出版发行/ 吉林文史出版社

地址/ 长春市福祉大路5788号　邮编/ 130118

电话/ 0431-81629363　传真/ 0431-86037589

印刷/天津海德伟业印务有限公司

版次/ 2011年4月第1版 2024年5月第7次印刷

开本/ 640mm×920mm　1/16

印张/ 9　字数/ 100千

书号/ ISBN 978-7-5472-0565-5

定价/ 29.80元

《100位为新中国成立作出突出贡献的英雄模范人物》丛书

★ ★ ★ ★ ★

编 委 会

/**100**位

为新中国成立作出突出贡献的英雄模范人物/

八女投江	于化虎	小叶丹	马本斋	马立训	方志敏
毛泽民	毛泽覃	王尔琢	王尽美	王克勤	王若飞
邓萍	邓中夏	邓恩铭	韦拔群	冯平	卢德铭
叶挺	叶成焕	左权	诺尔曼·白求恩		任常伦
关向应	刘老庄连	刘伯坚	刘志丹	刘胡兰	吉鸿昌
向警予	寻淮洲	戎冠秀	朱瑞	江上青	江竹筠
许继慎	阮啸仙	何叔衡	佟麟阁	吴运铎	吴焕先
张太雷	张自忠	张学良	张思德	旷继勋	李白
李林	李大钊	李公朴	李兆麟	李硕勋	杨殷
杨子荣	杨开慧	杨虎城	杨靖宇	杨闇公	萧楚女
苏兆征	邹韬奋	陈延年	陈树湘	陈嘉庚	陈潭秋
冼星海	周文雍、陈铁军夫妇		周逸群	明德英	林祥谦
罗亦农	罗忠毅	罗炳辉	郑律成	恽代英	段德昌
贺英	赵一曼	赵世炎	赵尚志	赵博生	赵登禹
闻一多	埃德加·斯诺	夏明翰	格里戈里·库里申科		
狼牙山五壮士	聂耳	郭俊卿	钱壮飞	黄公略	
彭湃	彭雪枫	董存瑞	董振堂	谢子长	鲁迅
蔡和森	戴安澜	瞿秋白			

前 言

　　每个人的心中都多少有一点英雄情结，都向往英雄、景仰英雄。也正因此，在中华人民共和国建国六十周年之际，由中央十一部委联合组织开展的"100位为新中国成立作出突出贡献的英雄模范人物和100位新中国成立以来感动中国人物"的评选活动中，群众参与投票总数近一亿。这其中的每一张选票，都表达了人们对英雄模范的崇敬之情，寄托着对伟大祖国的美好祝福。

　　一个民族不能没有英雄，否则这个民族就不会强大。当国家危难之时，懦弱者选择了逃避、妥协甚至投降，英雄们却挺身而出，用热血捍卫民族的尊严，人民的幸福。在创立和建设新中国的伟大历程中，涌现出无数可歌可泣的英雄模范人物。他们之中，有为了民族独立和人民解放而英勇牺牲的革命先烈，有为了党和人民的事业而不懈奋斗的优秀共产党员，有在全民族抗战中顽强奋战、为国捐躯的爱国将士，有英勇杀敌的战斗英雄和革命群众，有积极从事进步活动的著名民主爱国人士和国际友人……他们是民族的脊梁、祖国的骄傲，是激励全体人民团结奋斗的精神力量。

　　《100位为新中国成立作出突出贡献的英雄模范人物传记》丛书，就像一部星光璀璨的英雄谱，真实、完整地记录了英雄模范人物不平凡的一生，再现了他们非凡的人格魅力和精神世界。"头颅可断腹可剖"的铁血将军杨靖宇，"毫不利己，专门利人"的白求恩，"抗战军人之魂"张自忠，"砍头不要紧"的夏明翰，"俯首甘为孺子牛"的文化斗士鲁迅……一串串闪光的名字，一个个动人的故事，犹如群星闪烁，光耀中华。

　　如今，战火已熄，硝烟已散，英雄已逝，我们沐浴在和平的幸福之中。在和平年代，人们不会忘记为今日的和平浴血奋战的英雄们，英雄的故事永远不会结束。让我们用英雄的故事唤醒我们心中的激情，为中华民族的伟大复兴而奋斗。

生平简介

夏明翰（1900-1928），男，汉族，湖南省衡阳县人，中共党员。

1920年秋，经过五四运动洗礼的夏明翰来到长沙，结识了毛泽东。1921年冬，经毛泽东、何叔衡介绍，加入中国共产党。入党后，在长沙从事工人运动，参与领导了人力车工人罢工斗争。1924年，担任中共湖南省委委员，负责农委工作。他十分注意培养农运干部，保送革命青年到广州农民运动讲习所学习，为湖南农民运动培养了大批骨干。1926年2月，被党调往武汉工作，担任全国农民协会秘书长，兼任毛泽东和中央农民运动讲习所秘书。在四·一二反革命政变和长沙马日事变后的严重白色恐怖下，1927年6月，受党派遣回湖南任省委委员兼组织部长。同年7月大革命失败后，参与发动秋收起义。10月，湖南省委派他兼任平（江）浏（阳）特委书记，领导发动了平江农民暴动。1928年初，任中共湖北省委常委，协助省委书记郭亮参与省委领导工作。由于叛徒出卖，同年3月18日被敌人逮捕。3月20日清晨，他被敌人押送到汉口余记里刑场。当敌执刑官问他还有什么话要说时，他大声说："有，给我拿纸笔来！"遂写下了那首大义凛然的《就义诗》："砍头不要紧，只要主义真。杀了夏明翰，还有后来人！"英勇就义，年仅28岁。

1900-1928

[XIAMINGHAN]

‹夏明翰

目 录 MULU

■ **不怕砍头的夏明翰（代序）** / 001

■ **随父宦游（1900-1912）** / 001

生于乱世 / 002
夏明翰生于清末，时逢乱世，正是天降大任的时候。

0-1岁

书香门第 / 005
祖父教他学《三字经》、《千字文》。这给年幼的夏明翰打下了坚实的古文基础。父亲思想进步，一言一行在夏明翰幼小的心灵里起到了潜移默化的作用。

2-7岁

铁面御史 / 008
夏明翰和弟妹都继承了外公的优良传统，坦坦荡荡做人，活得光明正大，死得轰轰烈烈。

8岁

英雄母亲 / 011
母亲的大无畏精神深深地打动了夏明翰，于是母亲也成了他学习的榜样。

9-11岁

■衡阳八年（1913–1920）/ 019

压岁钱 / 020
夏明翰是个懂事的孩子，决定把压岁钱攒起来，做些有意义的事。　　**13岁**

18岁　　**反对军阀** / 023
夏明翰联络省立第三师范学生蒋先云等人秘密组织革命团体"学友互助会"，开展反对北洋军阀的斗争。

五四运动 / 028
夏明翰在声势浩大的五四运动中表现了突出的才干，深得群众拥护，各校学生代表一致推选他为湘南学生联合会总干事。　　**19岁**

19岁　　**抵制日货** / 033
夏明翰以身作则，将家中的日货搬到后院，点起一把火烧光了。

拒婚 / 041
夏明翰不肯娶吴佩孚的侄女，他说："要我屈从吴佩孚，除非日出西山，湘江南流！"　　**20岁**

20岁　　**驱张** / 044
张敬尧被赶出湖南，夏明翰欣喜不已，随口吟诗一首。

决裂 / 048
夏明翰流泪道："娘，多保重。我一定要砸毁这个旧世界。"　　**20岁**

■职业革命家（1920-1928） / 053

结识毛泽东 / 054
毛泽东身材魁梧，目光深邃，说话声音高亢嘹亮，语言逻辑性极强，给夏明翰留下了深刻的印象。

21岁

21岁

和大姐一家 / 060
在夏明翰的影响下，大姐的三个孩子都向往革命：哥哥参加红军，妹妹奔向延安。

人力车大罢工 / 062
县知事被迫将人力车的租金减少百分之五十。人力车工人胜利了，夏明翰胜利了。

22岁

23岁

团地委委员 / 067
夏明翰抓住一切机会教育青年认识社会，参加实际斗争，改造社会。

将计就计 / 069
日本人打开送来的箱子和麻袋，见里面装的全是泥巴、石头、烂草等，还有一条条"把侵略者赶出中国去"的标语。

23岁

23岁

联诗 / 071
郭亮和夏明翰常常忙中取乐，互相逗趣，充满了革命乐观主义精神。

智斗土豪和奸商 / 074
夏明翰智斗土豪和奸商，取得了胜利，让灾民吃上了粮食。

24-25岁

26岁

美满婚姻 / 078
1926年秋，夏明翰和郑家钧在长沙清水塘一间简陋的民房里举行了婚礼。

"梭镖主义" / 085

夏明翰慷慨激昂的发言得到大多数同志的赞扬,从此,"梭镖主义"就成了夏明翰的代号。

26岁

秘书长 / 088

27岁

夏明翰被党中央调到武汉工作,担任全国农民协会秘书长,兼任毛泽东和中央农民运动讲习所秘书。

誓斩蒋贼头 / 092

蒋介石发动四·一二政变,夏明翰闻讯,极为悲愤,拿起了枪杆子。

27岁

平浏暴动 / 095

27岁

李六如、夏明翰与毛简青、罗纳川一道趁热打铁,创建了湘鄂赣边革命根据地。

英雄弟妹 / 103

夏明翰的妹妹和弟弟遵照夏明翰的嘱托,奔赴革命前线,献出了宝贵的生命。

27岁

不幸被捕 / 111

28岁

宋若林花言巧语,想用高官厚禄引诱夏明翰投降,夏明翰不为所动,把他骂了个狗血喷头。

壮烈牺牲 / 115

夏明翰拿起笔,饱蘸浓墨,写下了一首气壮山河的五言诗:"砍头不要紧,只要主义真,杀了夏明翰,还有后来人!"

28岁

革命还有后来人 / 121

夏芸说:"在和平时代,继承革命遗志的最好方式是诚诚恳恳办事,老老实实做人……"

■后记 夏明翰永垂不朽 / 127

不怕砍头的夏明翰（代序）

胡锦涛总书记在全党开展保持党的先进性教育动员报告中强调，要继承和发扬李大钊、夏明翰等烈士的革命精神，永葆党的先进性。

夏明翰出身世宦之家，但他能与封建家庭决裂，走上革命道路。

在革命中，夏明翰敢于迎难而上，他说："千里之行，始于足下。为了砸碎旧社会，建设一个美好的新社会，请组织给我重担子挑吧！"

出身豪门的夏明翰成了农运领导人，这是极不容易的。这说明代表先进阶级的革命思想具有巨大感染力，这种力量能够转化为改造社会的物质能量。

这也是夏明翰聪明颖悟、勇于追求真理的结果。他不断学习，勇于探索，理论水平不断提高，终于成为一名自觉的革命者。

2005年9月4日，在夏明翰烈士诞辰105周年之际，我党对夏明翰的精神进行了深入的探讨。夏明翰精神的内涵十分丰富，突出体现在以下几个方面：

一、勇于探索的精神。

人贵有理想，活在世上如果没有理想，那就意味着没有目标。

夏明翰通过对马克思主义著作的学习，懂得了资本家残酷剥削工人剩余劳动价值的本质，认识到了共产主义是人类最理想的天堂，马克思主义是最科学、最伟大的真理。

理想是靠科学的真理来支撑的，而真理又是从不断的实践中求得的。探求愈深，对真理的认识就愈透，理想就愈坚定，行动就越自觉，襟怀就越宽阔，立志就越高远。

二、无私无我的奉献精神。

夏明翰的一生是为革命无私奉献的一生，是为党的事业苦干实干的一生。夏明翰高举共产主义的伟大旗帜，随时按照党组织的指引，投入艰苦卓绝的革命斗争中去。

夏明翰说:"党需要办的事就要认真地去办,坚决把它办好。"他常脱掉长衫,身穿粗布衣衫,脚蹬草鞋,深入工人中间进行革命活动。

夏明翰爱国爱民,也深爱妻子儿女,他对反动派说:"我们共产党人热爱国家民族,热爱劳苦工农,当然也热爱自己的亲人,爱妻子儿女,这一点,也与你们衣冠禽兽完全不同。但是,为了劳苦工农的解放,为了我们的后代能过上美满幸福的生活,我们随时准备牺牲自己的生命。"

在国家和人民利益面前,夏明翰是无私的。

三、大无畏的英雄气概。

大革命失败后,白色恐怖笼罩全国。夏明翰擦干身上的血迹,掩埋好同志的尸体,以大无畏的英雄气概,为了党的事业,毫无惧色。他不顾个人安危,全力投入起义的宣传和组织联络工作中,并鼓励自己的亲人全力参加武装斗争。

夏明翰在汉口被捕后,面对敌人的威逼利诱,他大义凛然,不怕牺牲。视死如归的英雄气概是中华民族精神在中国共产党人身上的升华。这是中华民族传统文化的精髓,也是中国共产党人的优秀品德。

四、由富有同情心发展为干革命。

夏明翰是位仁者,他认为慈善与施舍不可能改变社会。夏明翰的可贵之处在于他是掀起革命风暴的先驱,唤起中国人民的觉醒,由对穷人富有同情心发展为拿起枪杆子干革命,砸碎旧世界。

五、政治信念坚定。

夏明翰说:"为共产主义奋斗终生,我已经不是三思而行,而是百思已定。"他还说:"我一生无遗憾,认定了共产主义这个为人类翻身解放造幸福的真理,就刀山敢上,火海敢闯,甘愿抛头颅,洒热血。"

中华民族有着自强不息的民族精神,这种精神在夏明翰身上得到了完美的体现。他将个体生命融入到民族生命的整体之中,坚信一个自强不息的民族不会因杀了一个夏明翰而灭亡,千千万万的"后来人"一定会追随其后的。

夏明翰虽然过早地离开了我们,但他那大公无私的革命精神将永远活在人们的心里。

随父宦游

(1900—1912)

→ 生于乱世

★★★★★

（0-1 岁）

夏明翰于 1900 年生于湖北秭归。

秭归位于中国湖北省西部，地处川鄂咽喉长江西陵峡，坐落在长江北岸的卧牛山麓。

古代秭归城墙由巨石砌成，因而有"石头城"之称；又因城似葫芦，又称"葫芦城"。

秭归是一座历史悠久的古城，汉代开始设县。

我国古代大诗人屈原和四大美女之一王昭君就出生在这里。

夏明翰诞生这年，他的父亲夏绍范正在这里担任县令。

这一年是光绪二十六年，距清朝灭亡只有11 年了。

在这一年里，中国发生了两件大事：一是义和团运动蓬勃兴起，二是八国联军侵入北京。

　　义和团兴起于山东和河北交界地区，是在义和拳等民间反清秘密结社的基础上发展起来的反帝爱国群众组织。

　　义和团成员是农民、手工业者和其他劳动群众，还有一些无业游民。

　　当时，在山东一带，西洋教会的势力十分猖獗，他们欺压百姓，残害儿童，劳苦大众的反洋教斗争

△ 夏明翰故居

因而异常激烈。

1894 年甲午战争后，在帝国主义军事统治力量相对薄弱的鲁西北地区，群众经过长期酝酿，奋起抗教，成了义和团反帝爱国运动的主要发源地。

与此同时，河北人民也不断反抗教会的欺压，参加斗争的群众越来越多，直鲁交界地区和河北南部很快出现了义和团，不断攻打教堂。

义和团提出了许多反帝口号，如"扶葆中华，逐去外洋"、"扶清灭洋，替天行道"、"兴清灭教"和"洋人可灭"等等。

1900 年，即夏明翰诞生这年的 5 月 1 日晚，义和团焚烧丰台火车站的消息与京津铁路轨道被拆毁的谣言传到了北京外国公使居住的东交民巷。

各国公使闻讯，认为形势紧急，立即举行会议。会上，各国公使一致同意调军队前来保护使馆。

次日，驶抵大沽口外的外国舰队先后接到进京的电报，立即由海河乘船抵达天津，准备向北京进犯。

7 月 20 日，八国联军侵入北京，开始洗劫北京城。

这时，挟持光绪皇帝逃到西安的慈禧太后竟下令清军铲除义和团，并不顾耻辱，请八国联军帮助剿匪。

1901 年，英国、俄国、德国、美国、日本等 11 国强迫清政府签订《辛丑条约》，使清政府置于列强控制之下。从此，中国沦为半殖民地半封建社会。

当此国家危难之秋，中国人民多么盼望救世英雄应运而生，赶走万恶的帝国主义侵略势力啊！

➡ 书香门第

★★★★★

（2-7岁）

夏明翰出身于官宦世家。

夏明翰的祖父夏时济（1852-1923）是湖南大儒，学富五车。

夏时济担任清末重臣，经常见到慈禧太后和光绪皇帝。

据甘建华主编的《湖湘文化名人衡阳辞典》所载，夏时济字彝珣，又字思沅，号环猿，清末衡阳县礼梓山人。光绪壬午科（1882）举人，壬辰科（1892）进士，曾担任户部主事，相当于现在的财政部副部长。后来，夏时济历任江南候补道员、江西淮盐督销总局总办、两江营务处总理等要职。

夏时济忠于正统，反对革命。辛亥革命时，夏时济拒绝出任国民政府公职，寓居上海，做了前清遗老。次年，夏时济携全家老幼数十人回到衡阳。

吴佩孚镇守衡阳时，夏时济与其声气相投，交往甚密。

夏时济平时不营家产，潜心学问，有一定的正义感。当何叔衡到衡阳策动他敦促吴佩孚驱逐张敬尧时，他欣然从命，第一个在请愿书上签名。

夏时济学识渊博，研究范围相当广泛，对现代新学尤为重视，曾著有《天文新说》、《历学新说》、《历学新义》、《改编全国陆军新法》、《改革盐务计划书》及《湘潭县志·山水篇》等书。

夏时济还有诗文、奏稿、古文选本等，总计约160卷。他的诗很出色，晚年仿《圆圆曲》作《一枝曲》，描写张勋与小妾潘小髦子的轶事，尤见功力。

在十多个孙儿中，夏时济最宠爱夏明翰。夏明翰绝顶聪明，又生在桂花盛开的时候，夏时济认为这是一个最吉利的预兆。他认为夏明翰一定是文曲星下凡，将来一定考中状元。

当夏明翰牙牙学语时，夏时济就将他抱在膝上教他学习《三字经》和《千字文》。这给夏明翰打下了坚实的古文基础。

夏明翰的父亲夏绍范（1869-1914）品学兼优，喜欢接受新事物。

据甘建华主编的《湖湘文化名人衡阳辞典》所载，夏绍范字孝祺，湖南衡阳县礼梓山人，是夏时济的长子。

光绪二十五年（1899），夏绍范以知县资格分发湖北候补。第三年，加封三品衔，戴花翎，进封资政大夫，代理秭归知州。

光绪二十九年（1903），夏绍范奉命赴日本考察政务，归国后著有《日本官职志》、《东游笔记》，鼓吹民主政治。此后，夏绍范曾担任几任地方实业长官，还担任过湖北省督察局正审、高等审判庭民庭推事。宣统元年（1909），调任湖北崇阳知县。宣统三年（1911），调任鄂西北南漳知县。在南漳知县任上，他积极响应武昌起义。翌年，因积劳成疾，辞职回乡。

夏绍范生前著有《离经南溟诗稿》一卷，死后由妻子陈云凤编校。

夏绍范阅历广，不墨守成规。他希望子女学习科学技术，振兴中华，强国富民。他不赞成儿女只上私塾，只读"四书""五经"，而主张攻读"新学"。他的一言一行在夏明翰幼小的心灵里起到了潜移默化的作用。

→ 铁面御史

★★★★★

（8岁）

夏明翰在秭归生活六年多。

夏明翰8岁那年，随母亲到了汉口，住在外公家里。外公十分疼爱夏明翰，对他寄予厚望，并给了他很大的影响。

夏明翰的外公陈嘉言（1851-1934）字梅生，生于衡阳霞流镇平田村。其父陈源英年早逝，其母张太夫人是进士——福建台湾府同知张学尹之女，博通经史，工于诗文。陈嘉言从母受教，于光绪八年（1882）考中解元，也就是第一名举人。又于光绪十五年（1889）考中进士，授翰林院编修，在皇帝身边做官。

陈嘉言历任京畿道、江南道监察御史、工科掌印给事中、福建漳州知府。

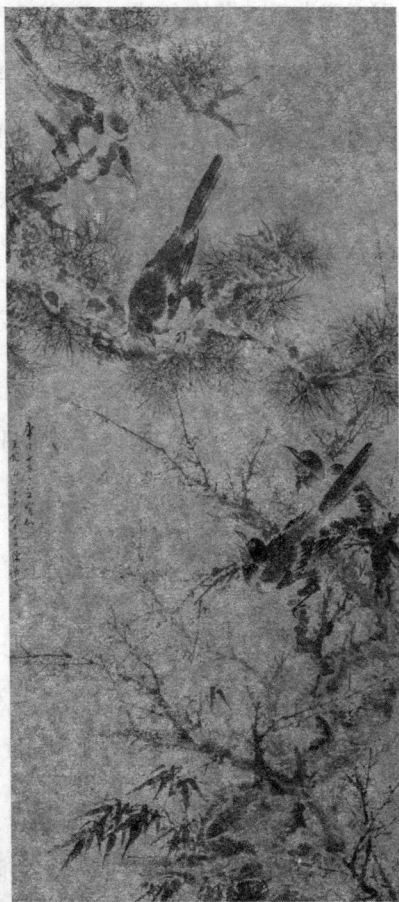

▷ 陈嘉言《喜上梅梢》立轴

陈嘉言为官清廉，秉公断案，铁面无私，两袖清风，被人称为"铁面御史"。

清廷腐败，有"三年清知府，十万雪花银"之说，可见为官之贪。而陈嘉言为官数十年，不肯贪赃枉法，拒收贿赂，反而卖掉自家田租40石充公。他常说："儿孙如果有用，置办田产做什么？儿孙如果无用，置办田产做什么？"

陈嘉言在漳州知府任上近十年，曾三遇水灾。他发动百姓浚河筑堤，及时赈济，事必躬亲，爱民如子，造福一方。

陈嘉言思想开明，倾向科学民主，支持民主革命。辛亥革命爆发后，他召集漳州父老协商大计，决定听其自治，然后出安民告示说："予愧无泽以加吾民，幸全城生命财物均无恙，今挂冠去矣，愿公等好自为之，以俟新命。"

还乡途中，陈嘉言唯有一舟明月，半船书籍。他赋诗道："清风两袖常随我，不负闾阎不负天。"

陈嘉言才华横溢，风流倜傥，工于诗文。回乡后，他靠卖文换米为生，沉浸于诗书之中。

1914 年，陈嘉言受聘担任民国国史馆编纂，被推举为国会议员，被选为旅京湖广会馆第一届董事长。当时，袁世凯阴谋称帝，曾遣人携二万两黄金请陈嘉言撰文劝进，被他严词拒绝。

晚年，陈嘉言回湘主持衡阳书院。

陈嘉言工于书法，秋瑾女士曾有《上陈先生梅生索书室联》：

> 如雷久耳右军名，问字愁难列讲庭，
>
> 欲乞一联绮丽笔，闺中曾读养鹅经。

诗中将陈嘉言誉为王羲之，可见其书法之造诣。

在汉口的那些日子里，夏明翰一直在外公的书房里读书。

有一天，夏明翰和母亲上街，见外国人的别墅门前挂着牌子，上面写着"华人与狗不得入内"。街上有许多流浪的孩子，衣不蔽体，食不果腹，骨瘦如柴。码头工人背着沉重的货物，在外国监工的吆喝声中压弯了腰，走得稍慢一点就要挨皮鞭。

回到外公家后，夏明翰向外公讲了在街上见到的情景。

外公叹了一口气，抚着夏明翰的头说："国家积弱，就要受外人欺侮，你长大后一定要为国家争气，扫尽人间不平。"

夏明翰听了，用力地点了点头。

→ 英雄母亲

★★★★★

（9-11岁）

夏明翰的母亲陈云凤（1870-1946）是清末"铁面御史"陈嘉言的长女。能诗善文，著有《衡阳吟咏》《严余吟》诗词二卷。她出自书香门第，博学多才，且思想开明，倾向科学和民主，她着意培养儿女们的爱国思想，支持儿女们参加爱国斗争。夏明翰青少年时期受母亲的影响颇深。

儿女们都继承了外公这一脉的优良传统，做人坦坦荡荡，活则光明正大，死则轰轰烈烈。

陈云凤幼年时曾女扮男装进私塾读书，因她天资聪颖，勤奋好学，深得先生器重，成了先生的得意门生。先生逢人便说："云凤这孩子豪气冲天，胆识过人，有大丈夫气概，将来必是女中豪杰！"

18岁时，陈云凤嫁入夏家，丈夫夏绍范御封资政大夫，授三品衔，她也被御赐诰命夫人，民国时曾担任衡阳县参议员。

丈夫不幸早逝后，陈云凤承担起教育儿女的全部责任。

有一天，陈云凤坐在书房的靠椅上朗诵屈原的作品《橘颂》，她那抑扬顿挫的声音吸引了夏明翰。

夏明翰走到母亲身边，好奇地问："这是谁的文章？"

母亲回答说："是屈原的诗。"

夏明翰又问："屈原是什么人啊？"

母亲见儿子好学，高兴地放下书，向夏明翰讲起了屈原的故事："在两千多年前，湖南、湖北这一带叫楚国。屈原出生于楚国秭归，就是你出生的这个地方。这里是长江三峡河谷地区，盛产柑橘，闻名天下。屈原在他的故里写下了《橘颂》名篇，用以赞颂君子的美德。后来，屈原做了楚国的三闾大夫，是一个有才能、有抱负

▶ 夏明翰的母亲

的忠臣。他竭尽忠诚，一心为国为民，向楚王提出了许多利国利民的主张。但是，由于奸臣在楚王面前诬陷他，楚王不但没有采纳他的建议，反而把他放逐到江南去了。屈原沿江东下，过洞庭，泛湘江，怀着忧国忧民的心情写下了《离骚》等许多不朽的诗篇。因他不肯与奸臣同流合污，最后投汨罗江而死。"

夏明翰听到这里，对屈原产生了崇敬之情。他两眼湿润，拉着母亲的手说："娘，教我读屈原的诗吧！"

母亲听了，更加高兴，耐心地给他讲起《橘颂》、《离骚》来。

后来，母亲又给夏明翰讲了岳飞的《满江红》、文天祥的《正气歌》以及唐宋诗词中的名篇，还鼓励他在课余时间读《三国演义》、《红楼梦》、《水浒传》，让他通过这些名著了解中国古代社会和灿烂的传统文化。

母亲常对孩子们说："梁山一百零八个好汉何以要造反？都是受压太深，上天无路，入地无门，焉得不反？当今之世也是如此，官逼甚，民必反。"

母亲的革命思想在幼年的夏明翰心里深深地扎下了根，影响了他的一生。

年幼的夏明翰受到了爱国主义思想的熏陶，历史上的民族英雄、爱国志士和一些刚直不阿、坚贞不屈的豪杰在他的脑海里留下了深刻的印象，成了他学习的榜样。

离开汉口后，夏明翰和母亲乘坐一条外国轮船到九江去。

他们一上船就看到船上的洋人气势汹汹，对中国乘客指手画脚，任意斥责。

有一位乘客没把行李放在床位下面，洋人就一边骂一边用脚踢行李，十分野蛮。

外国军舰、货轮在江面横冲直撞，耀武扬威。

夏明翰的母亲触景伤情，作了一首诗。接着，她又让夏明翰作一首。

夏明翰望着在长江上横行霸道的外国轮船，满腔怒火熊熊地燃烧起来。他扬起头，大声念道：

洋船水上漂，洋旗空中飘。

洋人耍威风，国耻恨难消。

母亲听了，欣喜若狂，连声称赞。

这就是夏明翰最早作的一首爱国诗，被人们传为佳话。

在夏明翰 11 岁那年，家中发生了一件大事。

这一年，父亲正在湖北南漳县知县任上。

南漳依山傍水，风光秀丽。虽然这里地瘠民贫，但由于夏绍范是一个难得的清官，老百姓的日子过得还可以。

夏知县关心民间疾苦，注重发展农业，兴修水利，减轻赋税。他追求民主和进步，要做一番有益于国家和民族的事业。

这天，夏知县和夫人正为武昌起义胜利，革命党人推翻了腐朽的清政府而兴奋不已时，突然院外火光冲天，一群人狂喊乱叫。

原来，县衙的两个班头朱雪和刘润对夏知县倾向革命不满，竟纠合县城少数顽劣分子，放出大牢中在押的重犯，发动叛乱了。

叛匪提刀持斧，砸开县衙后院的大门，冲进院内。

夏知县是个白面书生，从未见过这种场面，吓得不知如何是好，连话也说不出来了。

陈云凤处变不惊，见来者不善，忙换上短衣，一面让丈夫暂避，一面抄起一柄长剑，打开房门走了出去。她挺胸举剑，昂然挺立在叛匪面前，犹如一尊不可侵犯的女神。

叛匪见陈云凤威风凛凛，英气逼人，一时都

△ 南漳古城栈道

慌了神，谁也不敢上前了。

陈云凤指着叛匪大喝道："大胆奴才！夏大人响应武昌义举，声援国民革命，乃顺应潮流之举，上应天心，下合民意。你们聚众谋反，难道不怕革命党人吗？识时务者为俊杰，何去何从，好好想想吧！"

陈云凤的话铿锵有力，句句在理。熊熊燃烧的火把映照着她仗剑而立的英姿，给她涂上了一层神秘的色彩。

叛匪本是乌合之众，并无严密的组织，仅凭一时忠于正统的愚蠢念头草率上阵。经陈云凤这一喝问，大多数人心惊胆战，慌了手脚。他们也知道清廷早已土崩瓦解，皇帝只是一具不中用的政治僵尸而已。国民革命是大势所趋，顺之者昌，逆之者亡。于是，不少人把头一低，偷偷地溜走了。

朱雪和刘润这两个为首的班头平日里为非作歹，贪赃受贿，欺压良民，百姓恨之入骨。陈云凤面对剩下的叛匪，把朱雪和刘润平时的恶行一桩桩揭露出来，并对那些胁从者好言劝慰，保证不予追究。

朱雪和刘润见大势已去，便想溜之大吉。陈云凤知道祸首不除会出乱子，便大喝道："夏大人传话惩治元凶，立功者重赏。愿立功者与我拿下朱、刘二犯！"

朱雪和刘润知道自己已经逃不脱了，于是狗急跳墙，挥刀向陈云凤砍来。

陈云凤尚未接招，早有几个衙役飞身向前，把朱雪和刘润扭住正法。

母亲的大无畏精神深深打动了夏明翰，于是母亲也成了他学习的榜样。

衡阳八年

(1913—1920)

→ 压岁钱

★★★★★

（13岁）

　　在衡阳西北，有一座建于清朝乾隆年间的典型湘南民居。这就是具有二百多年历史的夏府大院，夏明翰曾在这里生活了八个年头。

　　辛亥革命后不久，夏明翰全家回到衡阳，住进夏府大院。

　　迁回衡阳后，夏绍范不顾父亲的反对，送夏明翰进石鼓高等小学堂读书。

　　按照中国风俗，每逢大年初一，长辈照例都要给孩子们压岁钱，夏家也是如此。

　　夏明翰兄弟姐妹十多个，他们每年得到的压岁钱不是一个小数目。

　　每当他们得到压岁钱时，高兴得直蹦。男孩子大多上街买大刀、宝剑及各种好吃的，女孩子则上街买红灯、花线和布娃娃。

夏明翰是个懂事的孩子，觉得压岁钱就这么花了起不了什么作用，不如攒起来做些有意义的事。当他把自己的想法说给弟弟妹妹们时，大家问道："什么是有意义的事啊？"

夏明翰说："对学习有利的事，对别人有帮助的事，都是有意义的，比如买书，买笔墨纸砚，帮助困难的人。"

大家听了，异口同声地表示同意，并公推夏明翰负责保管压岁钱。夏明翰把这笔钱放在书箱里，用锁头锁好。

有一天，夏明翰见大门外来了一个讨饭的村妇，抱着婴儿，又冷又饿。孩子没吃的，哭个不停。村

▽ 衡阳古城

妇有气无力地喊道："老爷太太行行好，孩子已经好几天没吃东西了。"

村妇穿着一件破棉袄，前后都是窟窿，露着棉絮；赤着脚，双脚冻得又红又肿，裂开了一道道血口子。

夏明翰见这位村妇太可怜了，忙跑上前去问道："乡亲，你为什么要讨饭啊？"

村妇边哭边说："家里没地种，孩子他爹给财主家当长工，上山砍柴时被毒蛇咬伤，财主不给钱治，没几天就死了。如今只剩下我们孤儿寡母，如果不讨饭，会活活饿死的！少爷，可怜可怜我的孩子，叫老爷太太给点吃的吧！"

夏明翰说："好，你等着。"

说完，夏明翰飞快地跑回家，找到妹妹夏明衡和弟弟夏明震、夏明霹，几个人一商量，决定把压岁钱送给那位村妇。

那位村妇接过钱，哭着说："少爷真是菩萨心肠，我和孩子谢谢你了。"

夏明翰说："有饭大家吃，不用谢。回去用这些钱做点小本生意吧。"

那位村妇千恩万谢地走了。

夏明翰对弟弟妹妹说："我今天第一次懂得世上还有不少饿着肚子的人。"

大家都为把压岁钱花在了该花的地方而高兴。

→ 反对军阀

★★★★★

（18岁）

衡阳位于湖南省中南部，地处湘江中游。因城北是五岳之一的南岳衡山，故称衡阳。

相传北雁南飞，到衡阳歇翅后又返回北方，因此衡阳又称雁城。

衡阳人杰地灵，自古人才辈出。

夏明翰聪明好学，在学校总是名列前茅。

夏时济喜爱夏明翰，为了让他成为书香门第的继承者，常常亲自教他诗书。

但是，夏明翰在父母的影响下，于1917年的春天违背祖父的意愿，考入湖南省立第三甲种工业学校机械科第一班读书。

在学校里，夏明翰积极参加社会活动。

在一些进步老师和同学的影响下，夏明翰组建了爱国组织"沙子会"，开展反对北洋军阀的斗争。

清朝灭亡后，孙中山领导的国民革命被北洋军阀袁世凯篡夺了胜利果实。从此，中国进入北洋军阀的黑暗统治时期。

北洋军阀对内残酷统治，对外卖国求荣，中华民族出现了亡国亡种的危机。

这期间，中华民族的优秀儿女纷纷组织救国团体，为挽救中华民族而奋斗。"沙子会"就是救国团体之一，其所以称"沙子会"，夏明翰解释说："我们要团结起来，让形如散沙的青年抱成一团，集中力量打倒军阀。"

△ 湖南省立第三甲种工业学校旧址，位于衡阳江东区湖北路。

夏明翰博学多才，经常用诗歌和绘画揭露军阀卖国贼的丑恶嘴脸。有一天，夏明翰在一幅讽刺画上配了一首讽刺诗：

眼大善观风察色，嘴阔会拍马吹牛，

手长能多捞名利，身矮好屈膝磕头。

通过诗和画，夏明翰把军阀的丑态刻画得淋漓尽致。夏明翰的这首诗传诵一时，大快人心。

三甲工体育老师——老同盟会员（后来成为共产党员）邱海岚见夏明翰是个好苗子，就借进步书刊给他看。夏明翰最喜欢看的是《湘江评论》，尤其是上面刊载的毛泽东的文章，大气磅礴，极具鼓动性，让夏明翰激动不已。毛泽东的博大胸怀和纵横才气令夏明翰佩服得五体投地，他对邱老师说："老师，我真想见见毛泽东啊！"邱老师说："只要干革命，早晚能见到他。"

在邱老师的帮助下，夏明翰联络省立第三师范的优秀学生蒋先云等人秘密组织革命团体"学友互助会"，开展反对北洋军阀的斗争。

此后，由三甲工、三师、三中等校的学生联合组织的"衡社"、"湘滨诗画社"也相继成立。入社成员以救国为宗旨，以天下为己任，要为民族做无私的奉献。

1918 年，北洋军阀吴佩孚趁军阀混战之机，率部攻占了衡阳。

吴佩孚曾在清朝末年考中秀才，后来投笔从戎，一步步升为上将。平时，他喜欢附庸风雅，常常作些诗词，写些墨笔字，博得了一个儒将的美名。

攻占衡阳后，吴佩孚一身戎装，带着随从来到夏府，拜访衡阳名士夏时济。

吴佩孚老奸巨猾，为了巩固地盘，扩大势力，正想尽一切办法笼络衡阳有名望的官绅，夏时济便是其中的一位。

夏时济见吴佩孚亲自登门，不禁受宠若惊，居然打着赤膊，拜倒在这个独夫民贼的膝下，以谢知遇之恩。

吴佩孚走时，夏时济又打着赤膊，拖着辫子送他出门，拱手齐眉说："坦坦赤心，精诚相送。"

陈云凤和儿孙们对这种肉麻行为无不反感，陈云凤说："吴佩孚丧权辱国，屠杀同胞，不是个好东西！"

吴佩孚为感谢夏时济的赤诚，回公馆后打发人送来一幅字屏，赞美夏时济"德盖衡岳，誉满潇湘"，上款是"时济公雅正"，下款是"蓬莱秀才子玉学字"。

"子玉"是吴佩孚的字。

夏时济见了这幅字屏，如获至宝，连忙吩咐家人将字屏裱好，高挂在正厅上，极为得意。

这天，夏明翰放学回家，见家门口打扫得干干净净，檐下张灯结彩，忙问家里有什么喜事。

弟弟夏明震说："你到正厅看一眼就明白了。"

夏明翰放下书包，来到正厅，一眼看见墙上新挂的条幅，不由怒火中烧，搬过一条凳子，跳上去一伸手把刚刚挂好的条幅扯下来撕成碎片。

夏时济见夏明翰撕了条幅，气得面无血色，怒气冲天地指着夏明翰骂道："你这个小畜生，你疯了？"

夏明翰毫不畏惧，反驳道："我没有疯。把杀人不眨眼的魔王当贵宾，把他的烂字视如珍宝，这像话吗？"

夏时济怒吼道："我打死你这孽种！"

说完，夏时济操起角落里的一根木杖向夏明翰打来。

这时，陈云凤一闪身挡在了夏明翰的前面，紧紧地护住了儿子，振振有词地说："公公，你老听我说几句。吴佩孚是个什么东西？他是镇压蔡锷护国军的刽子手，早已臭名远扬。一个草包武夫的几个歪字算什么？要说学问文章，你老是前清进士，学界共仰；吴佩孚不过一介小秀才，胸无点墨，哪值得你老这么看重？难道不怕贻笑儒林，传为话柄吗？吴佩孚来到衡阳后，坏事做尽，人人唾骂，这些你老也都知道。再说，正厅是供奉祖宗神灵和圣人牌位之地，若挂上吴佩孚的条幅，岂不有辱祖宗？我夏家世代书香，夏家儿女都是顶天立地的人，岂能拜倒在杀人魔王的膝下？"

陈云凤一席话说得句句在理，无懈可击。

夏时济是个聪明人，一听全明白了，只得作罢。

胆大机智的陈云凤不但救下了儿子，也扬了正气，闻者无不钦佩。

不过，夏时济和夏明翰祖孙之间的矛盾从此开始激化起来。

→ 五四运动

★★★★★

1914 年，第一次世界大战爆发了。日本借口对德宣战，攻占我国青岛和胶济铁路全线，控制了山东省，夺取了德国在山东强占的各种权益。

1918 年，德国战败，第一次世界大战结束了。

1919 年 1 月 18 日，战胜国在巴黎召开"和平会议"，其实是分赃会议。

当时的北京政府和广州军政府联合组成中国代表团，以战胜国身份参加巴黎和会，提出取消列强在华的各项特权，取消日本帝国主义与袁世凯订立的"二十一条"不平等条约，归还大战期间日本从德国手中夺去的山东各项权益等合理要求。

巴黎和会在帝国主义列强操纵下，不但拒绝了中国的合理要求，而且在对德和约上，明文规定把德国在山东的权益全部转让给日本。

北洋政府丧权辱国，竟准备让与会代表在合约上签字，从而激起了中国人民的强烈反对，轰轰烈烈的五四运动爆发了。

5月1日，北京大学的一些学生获悉和会拒绝中国要求的消息后，立即于当天由学生代表在北大西斋饭厅召开紧急会议，决定5月3日在北大法科大礼堂举行全体学生临时大会。

▷ 五四学生游行

5月3日，北京大学学生举行大会，北京高等师范学校、法政专门学校、高等工业学校也派代表参加。学生代表即席发言，慷慨激昂，号召青年们奋起救国，决定第二天齐集天安门前举行示威游行。

5月4日，北京三所高校约三千多名学生代表冲破军警的阻挠，云集天安门，打出"誓死夺回青岛"、"收回山东权利"、"拒绝在巴黎和会上签字"、"废除二十一条"、"抵制日货"、"宁为玉碎，不为瓦全"、"外争国权，内惩国贼"等口号，一下子震动了北京城。

示威学生要求惩办卖国贼——交通总长曹汝霖、货币局总裁陆宗舆、驻日公使章宗祥。

游行队伍行至曹宅时，痛打了章宗祥，并纵火焚烧曹宅。

北洋政府倒行逆施，竟命令军警镇压学生，逮捕了学生代表32人。

爱国学生的这次游行活动受到广泛关注，各界人士纷纷给予支持，抗议逮捕学生。

北洋政府颁布严禁抗议的公告，总统徐世昌再次下令镇压。

但是，学生团体和社会团体纷纷支持学生运动。

5月11日，上海成立学生联合会。

14日，天津成立学生联合会。广州、南京、杭州、武汉、济南的学生和工人也都表示支持。

5月19日，北京各校学生同时罢课，并向各省的省议会、教育会、工会、商会、农会、学校、报馆发出罢课宣言。

在北京各校学生罢课后，天津、上海、南京、杭州、重庆、南昌、武汉、长沙、厦门、济南、开封、太原等地学生先后宣告罢课，支持北京学生的斗争。

　　这时，毛泽东冲破军阀张敬尧的控制，在长沙成立了湖南学生联合会，号召全省各校罢课。

　　夏明翰闻讯，奋起响应湖南学生联合会的号召，在衡阳开展轰轰烈烈的反帝反封建的爱国斗争。他联络三师、三甲工、三女师、成章、道南、新民等中学的进步学生走出校门，开展大规模的爱国宣传活动。他带领学生联络教育界和工商界，并以衡阳、耒阳、郴州、桂阳各界人民的名义通电全国，声援五四爱国运动。

　　夏明翰满怀激情地投入到这场轰轰烈烈的爱

△ 湖南学生联合会旧址

国斗争，编刊物，发传单，参加游行，始终战斗在革命的最前列，以无比坚强的革命斗志同帝国主义、反动军阀进行坚决的斗争。

夏明翰经常带领三甲工的讲演团到石鼓、雁峰和沿江各码头讲演，激昂慷慨，声泪俱下，听者无不掩面而泣。

6月初，湖南学生联合会会长彭璜同全国学生联合会代表到衡阳进行具体帮助和指导，于6月17日正式成立了湘南学生联合会，制定了章程，提出了"联络感情，交换知识，促进文化，改造社会"的宗旨。

由于夏明翰在这场声势浩大的斗争中表现出了突出的才干，深得群众拥护，各校学生代表一致推选他为湘南学生联合会总干事。

◁ 夏明翰在湘南学联
的办公室和卧室

→ 抵制日货

★★★★★

（19岁）

五四运动爆发后，抵制日货成为最广泛的斗争方式之一，也成为爱国学生的自然行动。

5月5日下午，在北京大学法科召开的各校学生全体联合大会上，朝阳学院率先提议抵制日货。

5月7日晚，北京高师学生会评议部召开会议，建议成立北京各界抵制日货联合委员会，宣传抵制日货，即不买日货，不用日货，不卖日货。

5月9日，清华大学学生在校内体育馆举行"国耻纪念会"，会后在大操场上焚烧了校内的日货。

5月13日，北京大学学生将该校学生消费社储存的日货集中在文科大操场焚毁，并在焚烧日货时当众宣讲宣言书。

随后，高等农业学校、高等工业学校、医学专门学校、法政专门学校及私立中国大学等校学生都将校内所存的日货全部焚毁。

但是，焚烧所存日货只能宣泄一时的愤怒，若要彻底抵制日货，必须有人民群众的广泛参与，特别是商家的支持。

从运动一开始，学生们便派出代表与商界接洽，商界积极表示支持。

5月6日，北京商会召开全体大会，提出以下主张：（一）请各行速开会议，宣示各商号，一律停运日货，私运者议罚；（二）不用日本银行钞票；（三）不阅日报，不登日报广告。

同时，商会公决两种抵制日货办法：一是调查，凡日货之名称牌号样式，调查清楚后便不再贩卖；二是陈列，即将日货聚集一处陈列，使人一望而知，不再购买。

商界传单如雪片纷飞，号召人们不买日货，并呼吁说："大家抵制日本，中国或可望不亡也。"

随着运动的发展，抵制日货的风潮迅速蔓延到全国的许多城市和乡村。在一些地方，抵制日货甚至成为最主要的斗争方式，其激烈程度远远胜过北京。因为日货已充斥中国城乡，日货也成为日本侵略中国的象征，在缺乏其他有效斗争手段的情况下，抵制日货便成为自然而然的选择了。

在查禁日货的斗争中，夏明翰身先士卒，以学联为主，商同各界人士，分别成立各界联合会、抵制日货分会、国货维持会等爱国组织。

夏明翰积极投入抵制日货的运动，率领学生、店员和码头工人组成游行队伍，涌向大街小巷。他们举着花绿三角小旗，敲锣打鼓，推着小车，提着网兜竹篮，推销中国生产的家织布、印花被、纱线袜、火柴、肥皂、食盐等，把"毋忘国耻，抵制日货"的标语贴到各家各户。

夏明翰还和蒋先云等带领国货维持调查组及学生义勇军到货场、仓库、商店等处清查日货。每到一处，如发现日货，就加盖"仇"、"劣"等字样，然后把查到的日货统统搬到湘江边的空坪上，举行声势浩大的焚毁日货大会。

夏明翰在会上慷慨激昂地说："我们的运动才开始，帝国主义分子和军阀政府就凶相毕露，欲置我们于死地，像宰杀绵羊一样，还不许发出一声喊叫。是可忍，孰不可忍！我们都是有血气的人，我们不怕坐牢，我们不怕流血，我们的江山决不能落到外国人手里！我们要烧日货，把日本人赶出中国！"

当时，在衡阳的洋货店中，日货占百分之八九十。不少商店虽然参加了国货维持会，只为探听消息而来，实际上仍在维持日货对市场的统治，由过去的公开贩卖变成偷运暗售。

夏明翰领导爱国群众同奸商展开坚决的斗争，狠狠地打击了他们。

衡阳市南门口有家太和祥商行，老板姓张，主要卖的是日本货，平日唯利是图，囤积居奇，是个大奸商。好些卖国货的中小商店，有的被他鲸吞，有的被他排挤，有的受他控制。他随意提高商品价格，垄断市场，人们一提起他都恨得咬牙切齿。

这天，他又从码头偷偷运进大批日货，想发一笔洋财。

夏明翰得到消息后，怒不可遏，立即带领学生、店员、码头工人敲锣打鼓、浩浩荡荡地奔向太和祥商行。

这时，张老板和姨太太正躺在床上抽大烟，忽听外面锣鼓声震天动地，口号声响成一片，便慌忙爬起来，朝窗外一看，知道学生们拥到商行来焚烧日货了，吓得浑身乱颤，不知如何是好。

张老板急得团团转，忽见屋角的红漆大柜可以藏身，便对姨太太说："我钻到柜子里去，你给我在外面上好锁。学生问时，就说我去吴大帅的官邸了。"

姨太太早已吓得脸色煞白，哀求道："老爷，让我也钻进去吧，我怕！"

张老板骂道："你真混，他们找的是我，你怕什么？"

张老板钻进大柜，掩上柜门，姨太太哆哆嗦嗦把柜子锁好，瘫坐在地上。

夏明翰带头跨进门槛，见到姨太太，劈头就问："张老板呢？"

姨太太慌忙爬了起来，回答说："上吴大帅官邸去了，还没回

△ 五四时期，学生们在清华园焚烧日货。

来呢。"

夏明翰目光如炬，见她神色不对，眼睛直往红漆木柜上瞟，便知道其中一定有鬼。

夏明翰走近床边，摸摸烟枪，发现是热的，再往床底下一看，见有一双男人的鞋子放在那里，一下子全明白了。

夏明翰问姨太太道："红木柜里装的是什么东西？"

姨太太支支吾吾地说："几套换洗的衣服，没别的。"

夏明翰故意说："我看肯定是一柜子日货。"

夏明翰走到柜前，故意用手敲了敲，然后向外面大声喊道："同学们，工人弟兄们，快进来，这里有一柜子日货，快把它抬出去烧了吧！"

夏明翰这么一喊，吓得姨太太大叫起来："求你们了，千万不能烧啊！"

张老板在柜子里一听说要把他抬出去烧了，吓得心惊肉跳，连忙捶着柜门喊道："放我出去，我不是日货，千万烧不得。"

夏明翰叫姨太太把柜门打开，张老板哭丧着脸钻了出来。

夏明翰说："张老板，必须把日货统统交出来，否则别怪我们不客气了！"

张老板垂头丧气地哀求道："夏先生高抬贵手，放兄弟一码吧！"

夏明翰斩钉截铁地说："你和帝国主义分子勾结在一起，卖国求荣，我们决不让步！"

张老板见软的不行，便来硬的，两眼射出凶光，吼道："我向吴大帅告你们去！"

夏明翰喝道："你这败类，别说吴大帅，就是告到段祺瑞那儿也没用。"

张老板大吃一惊，无可奈何地打开货房，让学生、工人和店员把大批洋花布、洋伞、洋脸盆清点出来，堆在太子码头的空坪上。

这时，有个学生递给夏明翰一盒火柴，夏明翰见火柴盒上贴的是日本商标，顿时怒火中烧。他跳到码头的平台上，举着火柴，慷慨激昂地说："我们中国是世界文明古国，却连根小小的火柴也要用'洋火'，这真是莫大的耻辱。我们抵制日货，就要抵制得彻底，应该连这盒小小的火柴也不放过，这样才能鼓励人民的斗志，振兴民族工业，才能粉碎帝国主义的经济侵略。"

说完，夏明翰把火柴丢进日货堆里，到旁边的茶馆点了一个纸捻子，回来把日货点燃。顿时，火光烛天，把黑沉沉的夜空照得通红通亮。

群众见烧了日货，一个个欢天喜地，拍手称快。

南门口一带的群众高兴得放起了鞭炮，表示对学生爱国行动的支持。

夏明翰参加反帝爱国运动，得到了革命母亲陈云凤的支持。

这天，夏明翰和妹妹夏明衡商量说："我们应该在自己的封建官僚家庭里来一次革命，凡是日货要统统拿出来烧毁。"

夏明衡说："对，这才是彻底革命。"

于是，他们在家中到处查找日货。

他们仔细查找了好长时间，前庭后院，楼上楼下都搜遍了，但一件日货也没有找到。

夏明翰对妹妹说："爷爷一定是受吴佩孚的指使，把日货都藏起来了！"

夏明衡说："对，爷爷对吴佩孚言听计从，一定是藏起来了。"

夏明翰提议说："平时只有妈妈在家，我们不如去找她问个明白。"

夏明衡说："对，妈妈会支持我们的！"

母亲陈云凤是一位通情达理、思想开明的女性，听说孩子要烧家里的日货，便说："明翰、明衡，你们做得对，日货理当烧，国耻不能忘。国家的血快要被洋人吸干，只剩下一具干瘪的尸体了。作为炎黄子孙谁不痛心啊？好吧，我告诉你们咱家的日货藏在哪里。"

原来，在阴暗的酒房角落里，有一条小门通向夹墙，爷爷把日货全藏在夹墙里了。

这座夹墙是当年造房子时为防强盗打劫而悄悄打造的，这个秘密只有爷爷和妈妈知道。

母亲打开酒房小门，催儿子快动手搬出日货。

夏明翰迟疑了一下，对母亲说："娘，我得为你想一条脱身之计，不然爷爷会找你算账的。"

母亲说："这样也好。"

拂晓时，夏时济隐约听到隔壁酒房里有一群老鼠在打架，心想那里有不少日本软缎，要是被老鼠糟蹋了岂不可惜！

夏时济急忙爬起来，点燃一盏灯，来到酒房，见门槛上有一堆老鼠屎。这时，他更加担心了，慌忙掏出钥匙打开门上的铁锁，进夹墙内仔细察看。察了半天，并未发现老鼠咬坏软缎的痕迹，这才放下心来。

夏时济正要走出夹墙时，忽见夏明翰站在门口向夹墙里望呢。

夏时济大惊失色，问道："你怎么跑到这里来了？"

夏明翰回答说："我刚才上厕所，看见有个人影鬼鬼祟祟往这里走，以为是贼，没想到是爷爷。"

夏时济不悦道："天还没亮，快回去睡觉吧！"

第二天下午，趁夏时济外出之机，夏明翰和夏明衡撬开夹墙小门上的铁锁，把所有的日货全都搬出来，堆在后院的天井里烧掉了。

夏明翰聪明绝顶，用学老鼠打架引来爷爷，给爷爷一种错觉，是爷爷自己将日货暴露的。

这样，夏明翰让母亲摆脱了干系，从而保护了母亲。

➡ 拒 婚

★★★★☆

（20岁）

夏明翰带头将衡阳的群众运动搞得轰轰烈烈，搞得吴佩孚狼狈不堪，坐卧不宁。他伤透了脑筋，却束手无策。

这时，吴佩孚的三姨太出主意说："夏明

翰是个大才子，又是激进分子的头头，为人桀骜不驯。我们和他动硬的肯定不行，不如来软的。大帅不如把侄女莹莹嫁给夏明翰，吴夏两家联姻，结秦晋之好，就能拴住这匹烈马了。"

吴佩孚一听，连声叫道："妙！妙！实在是妙！"

于是，吴佩孚立即派副官去夏家提亲。

夏时济见吴佩孚派人来提亲，自然是受宠若惊。

但是，夏明翰坚决不同意这门婚事。他对祖父勾结军阀的行为异常愤慨，发誓说："让我娶吴家小姐，除非日出西山，湘江南流！"

母亲陈云凤也极力反对这门亲事，但夏时济是一家之主，她无力劝阻，便安慰儿子说："别急，

◁ 吴佩孚

慢慢想法子吧。吴佩孚这家伙蛇蝎心肠，什么坏事都干得出来，听说他娶了三房姨太太还不满足，夜里常去点香阁宿妓鬼混，真不是东西。"

夏明翰听了母亲的话，灵机一动，计上心来。

吴佩孚这条色狼常常在夜半时分坐小轿偷偷摸摸地去点香阁嫖娼，天快亮时才乘着小轿回府。小轿用黑幔遮得严严实实的，自以为做得神不知鬼不觉。

在一个没有月亮的夜晚，化了装的夏明翰头戴一顶宽边礼帽，身穿黑缎长衫，鼻梁上架一副金边眼镜，俨然一个纨绔子弟。

午夜时分，吴佩孚的轿子穿过长街，停在点香阁门前。吴佩孚一身便装，钻进二楼名妓小桃红的卧房。

过了一会儿，夏明翰也来到二楼，开了一间房。鸨母满脸谄笑地问："少爷，要哪个姑娘陪夜啊？"

夏明翰瞪了她一眼，扔给她两块光洋，吩咐说："你可以走了，这里没你的事，我自己来。"

鸨母一走，夏明翰便闩上门，拿出藏在长衫里的乌黑锃亮的楠木吹火筒，和衣倒在床上。他密切监视对面房里的吴佩孚，要让他栽个大跟头。

近五更时分，雄鸡开始高声啼晓，小桃红的房间里有了响动。

吴佩孚就要回府了，夏明翰急忙爬起来，拿出那只又圆又滑的吹火筒放在楼梯上，然后回身进屋，轻轻地关上门。

吴佩孚穿戴完毕，伸着懒腰走出来。刚踏下楼梯，他就一声惨叫，接着骨碌碌地滚下了楼梯。

原来，吴佩孚的一只脚正好踩在夏明翰放在楼梯上的吹火筒上。

鸨母吓得六神无主，连忙叫醒众人，七手八脚将吴佩孚抬上轿送回府去。

吴佩孚宿妓娼嫖被摔伤的丑闻很快传开，在衡阳的街头巷尾传得沸沸扬扬。

陈云凤抓住时机，对夏时济说："公公，吴佩孚身为大将军，德行如此败坏，在城里城外早已是臭名昭著。与这种人联姻，必然有辱家门，被众人耻笑。你老赶紧拒婚才是呀！"

夏时济是个封建卫道士，满肚子礼义廉耻，最看不惯这类嫖娼的事，于是再也不提与吴佩孚联姻的事了。

⊙ 驱　张

★★★★★

（20岁）

张敬尧是北洋军阀亲日派头子段祺瑞的忠实走狗，乘直系军阀吴佩孚和接近直系的冯玉祥打败湘桂联军之际，他率军进驻湖南，被段祺瑞任命为湖南督军兼省长。

张敬尧同他的三个兄弟张敬舜、张敬禹、张敬汤在湖南施行暴政，烧杀抢掠，奸淫妇女，搜刮民财，摧残教育，钳制舆论，为非作歹，无恶不作。

湖南人民饱受张敬尧之苦，认为他和强盗没有什么两样。但在张敬尧的淫威下，百姓敢怒而不敢言。因为凡有控告军人抢掠的，无不被乱棍打死，所以受害者都不敢出面控告。

湖南人民极其痛恨张氏兄弟，编谚语说："堂堂乎张，尧舜禹汤，一二三四，虎豹豺狼，张毒不除，

△ 1919年8月中旬，《湘江评论》被湖南督军兼省长张敬尧查封。这是1919年新民学会部分会员在长沙周南女校的合影。后排左四为毛泽东。

湖南无望。"

人们不称张敬尧为"张督",而称他为"张毒"。

五四运动爆发后,湖南学生积极响应。受学生运动的影响,各界联合会等组织也相继成立,形成声势浩大的爱国运动。

张敬尧见群众起来了,怕得要命,忙用暴力镇压,悍然下令解散学生联合会,封闭《湘江评论》。

在这种情况下,毛泽东重新组织湖南学生联合会,坚持反日爱国运动,与张敬尧进行针锋相对的斗争。

1919年12月2日,长沙五千多名学生上街游行示威,召开大会。正当学生代表在会上讲演时,张敬汤率领军警千余人包围会场,一连大刀队冲进去强行驱散与会群众,殴打学生,当场殴伤数十人,逮捕五人。

毛泽东以新民学会会员为骨干,领导学生公开打出"驱张"的旗帜,联络社会各阶层,发动全省学生罢课,教师罢教,工人罢工,商人罢市,并派代表分赴北京、衡阳、常德、郴州、广州、上海等地,公开揭露张敬尧的罪行,争取全国舆论对"驱张"的支持和同情。

1920年3月,何叔衡率湖南学生"驱张"请愿代表团到衡阳指导衡阳驱张运动。在夏明翰的领导下,发动衡阳各界全力投入驱张运动。

毛泽东赴京代表团一行40人于12月18日到达北京。在京期间,毛泽东和代表们冒着北方的严寒,不顾满街冰雪,奔走联络,向湖南在京学生、议员、名流、绅士宣传"驱张"的意义,发动他们参加"驱张"的斗争。

经过赴京"驱张"代表团的广泛活动，成立了湖南各界委员会，发起了千余人请愿示威，对北洋政府施加压力，迫使其答应"驱张"的要求。

北洋政府总理靳云鹏在请愿示威的强大压力下，不得不出来接见请愿代表，并答应研究代表们的要求。

分赴各地的"驱张"代表团也取得了强烈的反应，京、津、沪、汉等地的舆论界一致支持湖南人民反对张敬尧的斗争。

在夏明翰的领导下，衡阳"驱张"运动声势浩大，使局势朝着有利于学生运动的方面发展。

在"驱张"运动的强大压力下，各派军阀与张敬尧的矛盾更加激烈。为了利用军阀内部的矛盾，毛泽东分派代表到衡阳、郴州催促吴佩孚、谭延闿"驱张"。

曾经为打败湘桂联军出过力的吴佩孚和冯玉祥，对张敬尧白捡湖南省督军兼省长的位置本来就不服气，于是趁此机会与湘军谭延闿取得了默契：吴佩孚撤出衡阳，敞开了张敬尧的南大门；冯玉祥撤出部分守军，敞开了张敬尧的西大门。这样，湘军长驱直入，张敬尧不得不仓皇出逃。

不久，张敬尧因"守土不力"，受到了"迅即来京查办"的处理，他的弟弟张敬汤则在"鄂州执行死刑"。

"驱张"斗争终于取得了胜利。

张敬尧被赶出湖南，夏明翰欣喜不已，特地吟诗一首：

张督心藏刀，治湘一团糟。

杀人又放火，民众怨声高。

吾辈齐奋起，驱张胆气豪。

张毒如老鼠，夹起尾巴逃。

在驱张运动中，夏明翰委实出了不少力。

⊙ 决 裂

★★★★★

（20岁）

夏明翰的父亲夏绍范不幸于1914年病逝。此后，夏府由夏明翰的祖父夏时济主持。夏明翰与祖父志趣不同，一个积极主张革命，一个坚决反对革命。随着年龄的增长，夏明翰与祖父之间的隔阂越来越深，矛盾越来越激烈了。

夏明翰从小喜爱读书，善于思考，极富同情心。

有一天，夏明翰正坐在天井里读唐诗，见女佣挑着一担水摇摇晃晃地走过来。他连忙上前帮忙，不料却被祖父狠狠地斥责了一顿。这使夏明翰心中十分不快，心想："祖父要我背唐诗，我看他根本没有读懂唐诗。唐诗说：'谁知盘中餐，粒粒皆辛苦。'他天天只知道喝茶，却不知道挑水是多么不容易！"

顽固守旧的祖父规定大家闺秀不许进学堂读书，只能在闺房中识字吟诗。男女间不能吟诗唱和，不能成立诗社，更不许自由来往。

夏明翰的六妹珠蕾才华出众，自编诗集两本，还常在北京《又新日报》上发表诗作。她不肯接受封建礼教的束缚，竟招来祖父的咒骂和鞭打，不给吃、不给穿，通向外面的门也被关死。最后，她被包办婚姻折磨而死。夏明翰为此悲恸到极点，对祖父的残暴行为实在无法容忍了。

夏明翰积极领导学生运动，激怒了衡阳的富商和绅士，他们走马灯似的来到夏家，告状的告状，诉苦的诉苦，要求夏时济对夏明翰严加管束，夏家被闹得日夜不宁。尤其是吴佩孚受不了拒婚之辱，指使官府编造夏明翰的种种"罪行"，向夏家发出了"如有再犯，株连全家"的警告。

这一切使夏时济寝食难安，不久便病倒了。他躺在床上气得咬牙切齿，最后决定大义灭亲。

1920年临近中秋的一天晚上,夏明翰带领同学忙了一天,累得精疲力竭。直至深夜1点多钟,他才拖着疲惫的身子回到家里。

夏明翰刚走进大厅,就听夏时济厉声喝道:"跪下!"

夏明翰理直气壮地问:"我犯了什么罪?"

夏时济怒不可遏地吼道:"哼!你中了邪说,到处煽动、蛊惑民心,图谋造反。你是国家的大患,家族的败类,父母的逆子,还说没罪?"

夏明翰毫不畏惧,大声说:"爱国学生团结起来反对帝国主义,反对军阀卖国贼,抵制日货,这是爱国,何罪之有?如今洋人跋扈,政府腐败,社会黑暗,人民困苦,谁甘心为奴,谁残害青年,谁才有罪!"

夏时济无言以对,勃然大怒,下令将夏明翰捆得结结实实,戴上脚镣,关进夏府私设的牢房里准备沉潭。

这一夜,陈云凤没有合眼,泪如泉涌,心如刀绞。她想起丈夫不幸早逝,自己苦心教育孩子,他们走的道路都是对的,干的事业也是伟大的。没想到公公灭绝人性,六亲不认,要对自己的孙儿下毒手。

陈云凤决定帮助儿子,让他远走高飞,走自己要走的路。

天刚亮,陈云凤便匆匆洗了把脸,悄悄跑到铁炉门大街,找她的表叔——衡昌货行的大老板李之源帮忙。

李之源是夏时济的至交,为人忠厚。他听完陈云凤的述说,决定以摆寿宴的名义把夏时济调出来,然后由陈云凤砸开私牢放出儿子。不料夏时济拒绝赴宴,他怕儿媳打主意,硬要守在家里监斩。

离夏明翰沉潭的日子越来越近了，陈云凤急得团团转。她跑到牢房，隔着窗子望着儿子，肝肠寸断地说："儿啊！娘救不了你了。"

　　夏明翰说："娘，天无绝人之路，会有办法的！"

　　接着，他把脱身之计告诉了母亲。

　　第二天，衡州名士——州议员龙士琴来访。

　　夏时济闻报，连忙出迎。宾主坐下，龙士琴说道："夏公，吴大帅屯兵衡州已有两年，议会商定要为大帅在岳屏山上竖一块功德碑。吴大帅听说后喜不自胜，已派副官敦促议会早日落成。至于撰写碑文之事，非夏公莫属。今日特来恭请老太爷去议会磋商碑文大致内容。"

◁ 何叔衡

夏时济一听,十分高兴,但略一思索,又连连摆手说:"老朽不才,惭愧!惭愧!近日家事缠身,可否容我改日再去?"

龙士琴严肃地说:"吴大帅的脾气你老是知道的,要是怪罪下来,谁吃罪得起?"

夏时济听了,不得不去。

陈云凤当机立断,急忙拿出早已准备好的利斧,同夏明震来到牢房劈开窗户,将夏明翰救了出来。

陈云凤对夏明翰说:"明翰,走吧,赶快离开这个家吧!"

夏明翰流泪道:"娘,多保重。我一定要砸毁这个旧世界。"

夏明翰心情激动地找到何叔衡,把事情经过原原本本地告诉他。何叔衡兴奋地鼓励他说:"好!你这是勇敢、正义的举动。革命青年就要有这种同封建势力决斗的勇气。"

为了鼓励夏明翰,何叔衡作了一首诗:

> 神州遍地起风雷,
>
> 投身革命有作为;
>
> 家法纵严难锁志,
>
> 天高海阔任鸟飞。

何叔衡(1876-1935),湖南宁乡人,中国共产党创始人之一。

何叔衡于1918年参加新民学会,1920年参加湖南共产主义小组。他是中共一大代表,在夏明翰的成长中起过重大作用。

后来,夏明翰的妹妹夏明衡,弟弟夏明震、夏明霹也都参加了革命。

职业革命家

(1920—1928)

结识毛泽东

★★★★★ ....
（21岁）

1920 年秋天，与封建家庭决裂的夏明翰来到全省革命活动中心长沙，并认识了毛泽东。

毛泽东身材魁梧，目光深邃，说话声音高亢嘹亮，语言幽默，逻辑性极强，给夏明翰留下了深刻的印象。

深受毛泽东赏识的夏明翰，成了湖南自修大学的第一批学员。

夏明翰寄居在简陋的房舍里，生活朴素。他戴着一副眼镜，乱发遮脸，专心致志地抱着书本苦读。

湖南自修大学是毛泽东与何叔衡利用船山学社的社址和经费，为中国共产党创办的一所最早的干部学校。

湖南自修大学的目标在于使学员获得从事

△ 湖南劳工会制作的"黄、庞纪念章"

革命活动的知识和本领，成为能够改造社会的革命干部。在《创立宣言》中，对学生有这样的要求："自修大学学生不但修学，还要有向上的意识，养成健全的人格，荡涤不良的习惯，为革新社会做准备。"

湖南自修大学为党培养了很多优秀的干部，如郭亮、夏羲、夏明翰、陈佑魁、姜梦周、陈昌、罗学瓒等。

1921年秋，经毛泽东、何叔衡两人介绍，夏明翰光荣地加入了共产党。

1922年1月，湖南劳工会领袖黄爱和庞人铨领导华实纱厂的两千多名工人罢工，遭到省长赵恒惕的逮捕和杀害。工人、学生群情激愤，强烈抗议。赵恒惕又逮捕多人，声言要大开杀戒。长沙一片白色恐怖，毛泽东找夏明翰等人商讨对策，决定由夏明翰、郭亮、陈佑魁出面，组织召开追悼黄爱、庞人铨大会。会后，夏明翰等率各界群众游行示威请愿，并通电全国，声讨赵恒惕政府的罪行。

夏明翰在毛泽东的领导下，参加了反赵恒惕高压、屠杀政策的斗争。他怀着悼念无产阶级战士的激情，在祭灵那天，朗读了他挥泪写成的悼诗《江上的白云》：

……

同志们啊

你们在那里奔走呼号，

这里也听得见你们的声音，

一层一层的白云，

把不尽的长天遮住，

我想看见你们，也看不清！

但是，我耳朵里欲听得见你们呼号的声音，

心头上欲想见你们奔走的情形。

我羡慕你们的牺牲，

我羡慕你们的猛勇！

……

听！湘江的水声！

前头的去了，后面不断的逐着奔放。

看！那天上的白云！

上面的散了，底下不尽的浮着堆上，

前面的呐喊快止了，

后面又继起了摇天动地的哭声。

前面的血快暗了，

后面的热泪，又海放江奔，

一点一滴，一寸一尺，

一分一秒，一时一日，——前进不已！

到将来，自然有那光明灿烂的世界，

做我们的坟墓。

这首诗曾刊登在当时的上海《劳动周刊》上，为人们所喜爱和传诵。

这首诗是湖南早期工人运动中一首悲壮的战歌，是沉痛悼念前驱者的真情的挽词，表达了夏明翰在革命风雨中献身革命的纯真志愿。

农民运动兴起后，夏明翰立场坚定，坚决站在农民群众这一边。

有一次，夏明翰家乡衡阳县农协的特别法庭判处杀害湖南劳工会领袖黄爱和庞人铨的刽子手李佑文死刑，李佑文的弟弟利用同学关系，带了许多珍贵礼物向夏明翰求情，结果礼物被砸烂，人被赶出家门。李佑文的弟弟又请夏明翰的大哥夏雷根来求情，夏明翰对大哥说："你若为他讲半句，就不要再踏进这个门了！"

◁ 湖南自修大学旧址
（其遗址重建并恢复自
修大学部分房屋。旧址
门额"船山学社"四字
系毛泽东手迹）

在考验面前，夏明翰表现出了坚定的阶级立场。

1922 年 9 月，湖南自修大学附设了补习学校，由何叔衡担任主任，毛泽东担任指导主任，夏明翰担任教导主任。

夏明翰循循善诱，教学认真，十分关心学生的学习和生活，深受学生的爱戴。

夏明翰整理好著名教师的专题讲演记录，交给报刊发表。由他整理发表在当时《大公报》上的讲演稿有《近代欧洲文学史概论》、《注音字母与汉字》、《低年级的文艺》等三十多篇，共计十余万字。

"党需要办的事就要认真地去办，坚决把它办好。"夏明翰始终把这一句话当作实践的准则和行动的指南。在革命实践中，夏明翰显示出坚定的无产阶级立场、刚毅的实干精神和高超的组织才能。

由于湖南自修大学坚持学习和宣传马克思列宁主义，坚决反对帝国主义、官僚资本主义和封建主义，不久便遭到反动军阀赵恒惕的仇视，于1923年11月以"所倡学说不正，有碍治安"的罪名被强行关闭。

中共湘区委立即采取对策，将这两所学校的大部分学生转移到新办的湘江中学。

夏明翰聪明好学，欣然接受了到湘江中学教数学的任务。

教数学对于夏明翰来说是个新课题，为此，他从头学起，不懂就问，努力钻研，算错了重来，把一个个定理、一条条公式深深地记在脑海里。

夏明翰写的数学教案整齐清楚，一丝不苟。学生们爱戴他，送给他一个新奇的外号"三晚老师"，因为他为了教好数学，离开教研室晚、吃饭晚、睡觉晚。有时，夏明翰甚至加班加点，彻夜不眠。

在教三角、几何时，夏明翰发给每个学生几根长短不齐的筷子，每根筷子上刻有不同的记号，在课桌上组成三角形、菱形等各种图形，然后看图理解和运用。

夏明翰这样因陋就简地创造新教具和新教法，深受学生的欢迎。

谢觉哉回忆说："党办湘江中学时没有教员，便调夏明翰去教数学。他没有教过数学，但为了对学生负责，对党负责，他用心钻研，创造新的教法，大受学生欢迎，成为很好的算术、代数的教授者。"

夏明翰在这段时间里，除出色地完成湘江中学的教学任务外，还担任省学联干事长，为《湖南省学生联合会周刊》做了大量的工作。

→ 和大姐一家

★★★★★

（21岁）

夏明翰的大姐夏明玮嫁给律师邬尚之，有一个儿子和两个女儿。他们住长沙望麓园附近的一个胡同里，是一个两层楼的旧房子。

夏明翰到长沙后，和毛泽东、何叔衡一起闹革命。毛泽东和夫人杨开慧住在清水塘，这里是中共湘区委员会机关所在地。

夏明翰每天都很忙，有时也住在大姐家。

两个外甥女十分喜欢夏明翰，觉得他爱读书，求真理，意志坚强，和蔼可亲，总愿意找他玩儿。

外甥邬依庄在参加革命之前，夏明翰差不多每天晚上都要教他学几何，用筷子比划着给他讲三角，讲图形。有时，外甥听不懂，夏明翰就一遍一遍地教，直到他弄懂为止，极有耐心。

夏明翰求知若渴、循循善诱的精神影响了外甥们的一生。

二外甥女13岁左右时，头上扎着一条长辫子。当时，剪辫子成了一种时尚，有人也称之为"革命"。二外甥女也嚷嚷着要剪辫子，大外甥女拿起剪刀就剪，把她的头发剪得长短不齐，乱七八糟，弄得她躲在家里，连大门都不敢出了。

有一天，夏明翰到大姐家，见头发剪得长短不齐的外甥女愁眉苦脸，便连忙安慰说："女孩子最讲究美了，应该把头发理得漂亮些。"

▷ 岳麓山

夏明翰说完，便把外甥女带到理发店，看着理发师把她那剪得乱糟糟的头发理好。

有一天，夏明翰在岳麓山和党组织的负责人接头，上衣兜里装着秘密材料。为了不引起特务的注意，夏明翰带上两个外甥女一起去，利用她们做掩护。

岳麓山实际上是当时党组织的一个秘密联络点。那天，夏明翰同很多人聚在一起，悄悄讨论问题。夏明翰特别交代外甥女在爱晚亭下面的小溪边捉螃蟹，还把上衣交给她们保管。她们脱掉自己的外衣，包上夏明翰的上衣。

在夏明翰的影响下，大姐的三个孩子都参加了革命。哥哥参加了红军，妹妹后来奔向延安。

→ 人力车大罢工

★★★★★

（22 岁）

1922 年 1 月，党派夏明翰领导长沙人力车工人开展罢工斗争。

当时，长沙人力车工人有一千多人。他们有自己的行会，行会的权力操纵在车主和封建把头手里，有许多严酷的封建行规，违反行规就要受到处分。

由于车租过高，兵差太多，人力车工人生活苦到了极点。

1918 年，长沙人力车工人曾举行过罢工，但是没有取得胜利。

为了领导人力车工人罢工，夏明翰受毛泽东委托，身穿粗布衣衫，脚穿草鞋，深入人力车工人当中，同他们一起坐茶馆，拖车子，访贫问苦，很快和他们交上了朋友。

夏明翰遵照毛泽东的意见，举办人力车工人夜校，进行宣传教育和组织工作。

夜校采用的课本是共产党人李六如编写的《平民读本》，包括日常生活问题、社会文化科学知识和国内外时事，文字浅显，易学易记。

夏明翰与同来负责工人运动的罗学瓒一起，每天深入码头车站，找工人谈心，听他们倒苦水，帮他们解决实际困难，工人们特别欢迎他们。

人力车工人普遍嫌车租太高，干一天剩不下几个钱，无法养家糊口。夏明翰引导他们说："要想降低车租，只有联合起来罢工才行。"

一个老工人说："四年前，我们也联合起来罢过工，结果一事无成。"

夏明翰说："过去虽然也举行过罢工，但我们团结得不够紧，斗争也不彻底，又没有正确的领导。如今不同了，我们有了正确的领导，各方面又大力支援，铁路工人、泥木工人为我们做了榜样。我们只要像毛泽东组织泥木工人罢工那样团结斗争，一定能够取得胜利。"

　　人们越听越有信心，当夜就在夏明翰的主持下成立了人力车工会，拟定了斗争方案。

　　这年10月8日，在人力车工会的领导下，长沙市人力车工人为反对增加车租举行了大罢工。

　　整个长沙城见不到一辆人力车的影子，长沙市的交通基本上瘫痪了。

　　人力车工人高举"长沙市人力车工人请愿示威"

△ 旧社会人力车工人

的红旗和"我们反加租，我们要活命"的横幅浩浩荡荡地行进在大街上，口号声惊天动地。

请愿队伍情绪饱满，冲破军警的阻拦，一直拥到县衙前，派代表进县衙提出条件。

过了大约半小时，工人代表还没有出来。这是知县的阴谋，是想扣押代表，吓退请愿者。

见代表长时间不出来，有的工人真的害怕了。夏明翰挺身而出，大呼道："工友们，不要怕，我们今天来请愿是有充足理由的。如果我们斗争失败，就会被压在十八层地狱之下。县知事扣了我们的代表，那完全是非法的。要是不放代表出来，不答应我们的条件，我们就全部冲进衙门去！"

工人们听了夏明翰的话，一下子全明白了，顿时大呼道："冲进去，我们反加租，我们要活命。不答应条件，誓不罢休！"

县知事听到这如雷贯耳的喊声，知道群情激愤，感到形势不妙，不能吃眼前亏，忙派秘书出来应付。

夏明翰一看不是县知事本人，便带头高呼："我们要县知事出来！"

大家齐声喊道："县知事快出来，不出来我们决不离开！"

秘书被顶回去了，县知事想溜之大吉，但四面都是人力车工人，他无处可逃，只好硬着头皮，在衙役的护卫下走了出来，并把扣押的代表送出来。

夏明翰和工人代表向县知事提出了书面条件，县知事见上面写着每辆人力车的租金由六百文减到三百文时，便说："各位代表，全体工友们，你们提出的条件我知道了，就放在我这儿，我一定同有关人员从长计议。"

夏明翰看出他的鬼心眼，知道这是在敷衍，便说："不行！这件事无须从长计议，县知事有权当众答复。"

县知事见夏明翰戴着眼镜，故意说："人力车工人的事，就由人力车工人自己说嘛！"

工人代表一听这话，马上高呼道："好，那就请按我们提出的条件办！"

县知事又耍花招说："我一个人不能做主。"

夏明翰针锋相对地说："堂堂一县之主，又有我们这么多工人，怎么做不了主？"

县知事也知道泥木工人罢工的事，看来人力车工人这次请愿是有计划有组织有领导的联合行动，面对今天这样的请愿队伍，不答应条件是不会有好结果的。好汉不吃眼前亏，县知事只好答应工人提出的条件。人力车工人怕他事后不认账，坚决要他签字画押，并颁发告示。

县知事怕把事情闹大，连连点头说，"好，我签字，马上出告示。"

一会儿，告示贴了出来，宣布人力车租金减少百分之五十。

工人们胜利了，夏明翰胜利了。

➡ 团地委委员

★★★★★

（23岁）

中国社会主义青年团全国第二次代表大会召开后，中共湘区党委派夏明翰到长沙地方团委会工作。

1923年10月至1925年1月，夏明翰先后担任过社会主义青年团长沙地委委员，团湘区执行委员会一、二届委员，国民党湖南临时省党部委员，主持宣传、学运工作，并兼管政治和妇女运动。

这期间，夏明翰曾光荣地被推举为团湖南区代表，到上海出席全国团中央的扩大会议。

夏明翰的工作得到了当时在团中央工作的恽代英、林育南等人的肯定，认为他的"理论和方法均甚合当"。

1924年快放寒假时，各校学生都要回家

探亲了。夏明翰认为抓住这个好机会教育青年认识社会，参加实际斗争，是学联义不容辞的责任。

于是，夏明翰连夜赶写了《寒假期间同学们回家去应该做的工作》一文，登载在学联的周刊上。文章要求大家利用假期回农村的机会，改造社会，宣传新文化，改掉旧社会的恶习，启发农民认识自己的社会地位，鼓励大家联合广大工农群众，对那些阻滞人类进步的蟊贼下讨伐令，向他们发起猛烈的进攻。

夏明翰满腔热情地希望青年同学和农民、工人携手共进，勇敢奋斗，冲破重重黑幕，迎接黎明的曙光。

学生们纷纷响应夏明翰的号召，在实际斗争中得到了锻炼，也推动了革命。

这年12月，夏明翰因担任中共湖南区委执行委员，工作过忙，不得不辞去团里的职务。从此，夏明翰离开团省委，投身于中共湖南区委的工作。

夏明翰在团省委工作期间，谢觉哉曾这样回忆道："他经常担任指导青年参加政治活动的任务。经过几次斗争之后，能力更有进步，又渐渐参加了工运工作。后来什么地方需要人，他就到什么地方去。那时，湖南的党员少，工作多，工作来了谁适合就调谁去。1920年到1924年间，明翰同志参加过的各项工作，都做得很好。"

→ 将计就计

★ ★ ★ ★ ★

（23 岁）

　　1923 年 3 月 27 日是日本租借我国旅顺、大连期满的日子，可日本帝国主义者拒绝归还这两处军港。于是，夏明翰等共产党人发动长沙人民举行了收回旅顺、大连的示威游行大会，并向日本驻长沙的领事提出警告。

　　中共湘区委员会派郭亮、夏明翰以湖南工团联合会的名义，联合学生联合会和教育会发起组织了"湖南外交后援会"。

　　这年 6 月 1 日，日本水兵对正在张贴标语的工人、学生和群众开枪，制造了震惊全国的"六一惨案"。郭亮、夏明翰等人立即提出八项条件，要求湖南省省长赵恒惕与日本人进行交涉。但是，赵恒惕根本无心为人民交涉，在"外交后援会"开展的对日本人全面经济绝交的活动中，他竟答应卖给日本人大米，命令士兵偷偷把大米送到停泊在湘江中的日本船上。

赵恒惕的阴谋被郭亮、夏明翰等人识破了。夏明翰率领工人、学生组成的纠察队在途中设岗检查，截获大米，并将这些送大米给日本人的士兵押到"外交后援会"。

夏明翰决定将计就计，好好教训一下日本人。夏明翰选了十几个机灵的工人和学生，穿上刚抓来的士兵的服装，扮成赵恒惕的送粮队，带着箱子和麻袋，向日本人盘踞的大金码头走去。

夏明翰等人把箱子和麻袋送到日本人的船上后，对日本人说："这里面都是可口的食品，但必须等我们上岸后才能打开，否则……"

夏明翰故意不把话说完，一个日本军官忙说："我明白，如果现在打开了，老百姓会看见的，对我们不好。等你们回去后，我们抬到船舱里再打开。"

夏明翰等人刚上岸，饿得发疯的日本人立即你抢我夺地打开送来的箱子和麻袋，原来里面装的全是泥巴、石头和烂草，还有标语，上面写着"把侵略者赶出中国去"。

日本人见了，个个像泄了气的皮球。那个军官气急败坏地喊道："找赵恒惕去，一定要他惩办这些人。"

为此，夏明翰等人遭到通缉，但他们并没有被反动派吓倒，而是进行着更加顽强的斗争。

→ 联 诗

1923 年，郭亮与夏明翰组织了湖南外交后援会，与日本侵略者实行经济绝交。此后，他们又一起发动和组织工农运动。在革命斗争中，他们两人建立了深厚的革命友谊。

那时，他们都住在长沙市小吴门外，早出晚归，忙于革命。

深夜，他们回家后，经常一起打水洗脚。

有一天，他们回来后，郭亮的夫人李灿英和夏明翰的夫人郑家钧忙着去准备洗脚水。

这时，郭亮忙说："我们提倡男女平等，你们又带孩子又做饭，这洗脚水就由我们自己动手准备吧。"

夏明翰也说："对，自己来吧！"

说着，郭亮和夏明翰分头去干，一个烧水，

一个准备木桶。

过了一会儿，他们把木桶放在堂屋里，盛上热水，共用这只木桶洗起脚来。

洗着洗着，郭亮说："明翰，我想了一句打油诗：'一个木桶四只脚。'"

夏明翰聪明过人，一听这句诗，马上随口吟道："'两位好友一条心。'怎么样？"

郭亮赞道："有深意，真不愧为衡阳才子。"

他们互相逗趣，把木桶里的水踩得哗哗直响，一天的疲劳顿时化为乌有了。

后来，郭亮买了一柄剑挂在帐帘上。他幼年读书时习过武，特别喜欢舞剑。

夏明翰见了，问道："你挂宝剑干什么？"

郭亮笑而不答。

郑家钧在一旁打趣说："他又在想诗了，莫打他的岔啰！"

郭亮想了想，说道："这一岔打得好，果然打出了两句诗：'一方宝剑帐头挂，大鬼小鬼休进来。'"

夏明翰一听，随即答道："斩尽妖魔平天下，山河日月重安排。"

一柄剑引出一首好诗，两人不由得相视哈哈大笑起来。

他们常常忙中取乐，充满了革命乐观主义精神。

郭亮是新民学会会员、毛泽东的战友、湖南工人运动著名领袖。

郭亮于1921年加入中国共产党，任中共湘区委员会委员，主

▷ 郭亮

管工人运动，领导了震撼全国的粤汉铁路工人大罢工。

1928 年 3 月 27 日，郭亮在岳阳被捕，次日晚上被秘密杀害于长沙司门口"湖南铲共法院"前。

敌人为了泄愤，竟残忍地将郭亮的头颅割下，挂在司门口示众三天三夜后，又移到他的家乡铜官村东山寺戏台的柱子上示众。

长沙市民和郭亮家乡农民极为悲愤，在地下党的安排下，他们冒着生命危险，连夜从长沙将郭亮的遗体运回铜官村，将头颅从柱子上取下，把身体和头颅合在一起，安葬在郭亮家的后山上。

职业革命家

解放后，人民为了纪念郭亮，家乡人民修建了铜官郭亮陵园，郭亮的家乡也改名为郭亮村。

→ 智斗土豪和奸商

★★★★★

（24—25 岁）

1924 年，夏明翰担任中共湖南省委委员，负责农委工作，以后又兼任组织部长、农民部长和长沙地委书记。

夏明翰大力培养农运干部，输送革命青年到广州全国农民运动讲习所学习。

为了推动农民运动的开展，夏明翰把刚从广州农讲所和长沙政治讲习所毕业的妹妹夏明衡和弟弟夏明震、夏明霹派到家乡去开展农民运动。他们深入农村发动群众，使衡阳的农民运动成为湖南农运开展得最好的地区之一。

1925 年 5 月间，湖南因长期不降雨，许多地方闹了粮荒，贫苦的农民没吃的，被迫流离失所，饿殍遍野。而地主、商人却囤积粮食，趁机抬高价格。夏明翰十分气愤，写了一首民歌：

　　　　官家一片灯，民家黑森森。

　　　　官家吃汤丸，民家锅朝天。

　　这时，省委调他到湘潭开展平粜运动。夏明翰到湘潭后，迅速和当地的党组织取得联系，并积极组织开展工作。

　　当地有个叫肖老七的土豪，家里囤积了许多粮食，却不肯卖给老百姓。

　　夏明翰了解这个情况后，决定先从肖老七开刀。但肖老七十分狡猾，听到风声后，忙叫人把上等的谷子埋到猪楼下，然后假惺惺地对夏明翰说："我同情灾民，决定开仓卖谷。"

　　但是，等夏明翰打开谷仓时，却只有几担谷子，而且都是一些霉谷子。

　　夏明翰警告肖老七说："今日可不同往日了，你不要搞错了！"

　　肖老七发誓赌咒道："如果还有谷子，我全家死绝。"

　　夏明翰听了，当即拿出纸笔，递给肖老七说："这样吧，你写个凭证，保证如果我们搜出谷子，你一定全部交出来。"

　　肖老七虽然不情愿，但想自己藏谷子的事别人不清楚，若不写凭证反会露出马脚，便硬着头皮写下八个字："君子一言，驷马难追。"

　　夏明翰收下凭证，把手一摊，说："那就麻烦七爷带路了。"

　　肖老七忙问："上哪去？"

夏明翰说："到猪楼去呀。"

肖老七一听，冷汗如雨，全身发软，瘫在地上。

原来，肖老七藏谷子时被他家的一个长工看到了。长工立即找到夏明翰，揭发了肖老七。

夏明翰智斗肖老七，取得了胜利，灾民吃上了粮食，也提高了觉悟，增强了斗争的信心和勇气。

附近许多土豪劣绅闻讯后，吓得坐立不安，只好自动开仓，把谷子平价卖给农民。

夏明翰与封建家庭决裂后，一直没有机会回家。

直到1926年，夏明翰化装成农民，以特派员身份指导农民运动时，才回故乡住了几天。

这一年，衡阳一带旱灾仍很严重，青黄不接，贫苦的农民无米下锅，饿死了不少人。而地主奸商趁火打劫，囤积居奇。

离礼梓山不远的渣江镇有十几家米店，最大的一家要算王朝旺的米行了。

王朝旺利用大灾之年，妄想卡住农民的脖子，大发横财。他不卖米，把米都藏起来，准备高价出售。其他米店也跟着他学，看行情行事。

夏明翰代表农会几次找到王朝旺，劝他开仓卖米，救济灾民，王朝旺总是花言巧语，敷衍搪塞。

这一天，夏明翰看到王朝旺大清早在街上走，心想其中必有文章，便悄悄地跟上了他。

原来，前一天下午，渣江镇上来了一批南乡的灾民，拖儿带女睡在佛寿殿的戏台下。

王朝旺认为大旱之年，衡州城里的米价一定比渣江镇高出几倍，如果把米运到衡州去卖，定能挣大钱。于是，天还没亮，他就来找灾民打听衡州的米价。

夏明翰摸清情况后，带领七个农会纠察队员埋伏在码头边的竹林里。

半夜过后，忽然传来一阵"吱呀吱呀"的声音，出现了一串黑影。只见一群挑夫挑着一担担沉甸甸的箩筐来到码头，上船把箩筐放在船舱里。

原来，王朝旺要偷运大米出境。三条大木船装满后，王朝旺向船上当家的先生叮嘱道："路上小心！"

夏明翰带着纠察队员从竹林中冲了出来，大喝一声："不准开船！"

王朝旺吃了一惊，点头哈腰笑着说："特派员先生，半夜三更有何吩咐？"

夏明翰声色俱厉，喝道："把米统统挑上岸来！"

王朝旺狡辩道："特派员先生，荒年灾月，哪来的米？船上装的都是鸡蛋啊。"

夏明翰走上船舱，见箩筐里果然装着鸡蛋。

王朝旺皮笑肉不笑地说:"天气热,怕坏掉,趁着夜凉快些出货。特派员先生,上岸到小店里喝两盅吧。"

　　夏明翰喝道:"不对!少来这一套。"

　　夏明翰吩咐纠察队员把鸡蛋拣出来,这才发现下面全是白米。

　　王朝旺脸色刷地变得铁青,不由得浑身哆嗦,一下子瘫倒在船板上。

　　第二天,渣江镇佛寿殿的草坪上堆放着几十担从船上卸下来的白米,夏明翰和农会的干部忙得满头大汗,把这些米分给灾民,面黄肌瘦的灾民终于有了吃的了。

➡ 美满婚姻

★★★★★

（26 岁）

　　郑家钧是长沙县郑家町人,是长沙湘绣厂的一名女工。虽然她没有文化,但却有一手高超的针线活和湘绣绝活。她为人温和善良，正直不阿。

在掩护领导罢工的夏明翰时，郑家钧右臂中弹受了伤。

郑家钧养伤期间，夏明翰经常探望她，赞扬她勇敢坚强。

两人在接触过程中畅谈理想，交流革命体会，不知不觉中产生了纯洁的爱情。但彼此都不好意思说出来，只是在暗暗地相恋着。

1924 年 4 月的一天，毛泽东来到夏明翰住处，见他正在洗衣服，便说："明翰，年纪不小了，也该找个伴了！郑家钧对你不是很好吗？"

夏明翰脱口而出："家钧好！家钧好！"

毛泽东一听，高兴地说："你们俩有共同的理想，又情投意合，早点成家吧！"

毛泽东派杨开慧问郑家钧说："你觉得明翰怎么样？"

郑家钧毫不犹豫地说："明翰顶强的。"

于是，经毛泽东挑明，1926 年秋，郑家钧和夏明翰在长沙清水塘一间简陋的民房里举行了婚礼。

他们结婚那天是农历九月初四。他俩认识后，彼此炽烈地爱慕着对方高尚的人格和品德。夏明翰对郑家钧的爱执著而率真，平时提到她时，夏明翰总是由衷地称赞道："家钧好，家钧好。"郑家钧平时提到夏明翰时，也曾多次无意中说："明翰顶强的。"因此，他们结婚时，何叔衡、李维汉、谢觉哉等给他们送了一副对联："世间唯有家钧好，天下谁比明翰强。"

大家一看这副对联，心想这不是他俩平时常说的话吗？不由得都笑了，深深地为他们祝福，认为他们是一对天作之合。

◁ 夏明翰郑家钧新婚合影

当时，婚礼虽然简朴，但却师生云集，何叔衡、李维汉、谢觉哉、郭亮、易礼容、龚饮冰等都前来参加了婚礼。

大家还向这对新人赠送了礼物，何叔衡送的是一个墨盒和一个钢笔架，李维汉送的是一对精巧的小壶，易礼容送的是一个上面剪贴着大红喜字的金鱼缸。

大家兴致极高，并且想出了许多点子和节目，把婚礼气氛营造得十分喜庆热闹。

1927 年春节前夕，夏明翰和郑家钧搬到望麓园 1 号，和毛泽东、杨开慧住在一个院子里，欢度了婚后的第一个春节。

大年三十那天，夏明翰仍在农民协会里忙着。郑家钧把房间打扫得干干净净，毛泽东为他们写了一副春联。郑家钧高高兴兴的，一边贴春联，一边等夏明翰。

这时，郑家钧想到毛泽东夫妇对她的关心，想到夏明翰对她无微不至的体贴，便情不自禁地唱起了一首流行歌谣："金花籽，开红花，一开开到穷人家。穷人家，要翻身，世道才像话……"

这时，夏明翰提着一篮年货回来了。他刚一进门，就听到郑家钧那明亮动听的歌声，忙问："你唱得真好，是从哪里学来的？"

郑家钧红着脸，不好意思地说："是开慧姐教的。"

夏明翰说："你嗓子好，唱得很好听，记忆也很强。以后我挤时间好好帮你学文化吧。"

郑家钧听了，十分高兴。从此，一个教，一个学。但是，越学越难。不久，郑家钧开始打退堂鼓了。她一怕学不好，二怕学了也没用。

夏明翰鼓励她说："世上无难事，只怕有心人。我们一切都是为了革命，学文化也是为了革命啊。"

郑家钧点了点头，夏明翰和她约定："以后，我们在工作之余不走亲，不访友，一心一意学文化。"

夏明翰在家教郑家钧学文化也像在湘江中学、工农夜校上课一样认真，有时为了教懂一个字，夏明翰常常编故事或借助笑话来启发她。通过这种方式，不仅让郑家钧字认得快，记得牢，用得准，而且还使她从中受到了革命教育。

在夏明翰的帮助下，郑家钧不但认识了许多字，还跟着夏明翰学会了做诗、填词、写对联。

郑家钧在夏明翰的言传身教下迅速成长起来。

后来，大革命失败后，在白色恐怖的逆境里，郑家钧陪夏明翰坐机关，送机密文件，会见同志，有时还扮作阔太太，巧妙地与敌人周旋，成为夏明翰的得力帮手。

1927年阴历九月二十六日，郑家钧生了个女儿，夏明翰非常高兴，给女儿取名赤云。

在以后的日子里，郑家钧总是抱着女儿于清晨送夏明翰出门，晚上又迎候夏明翰回家。

那时，郑家钧曾多次配合夏明翰摆脱险境，每历一次险，她对夏明翰安全的担忧便更加深切了。

有一天，郑家钧见夏明翰化装成商人出门，便担心地问："今天去什么地方，我陪你去吧。"

夏明翰说："今天去苏联领事馆，你去不方便。"

郑家钧叮嘱说："外头风声很紧，你一定要小心啊！"

夏明翰看了一眼郑家钧，轻松地笑了笑，问道："你怕了吗？"

郑家钧看了一眼女儿，泪水不禁夺眶而出，说道："我倒不要紧，只是怕你出事！"

夏明翰看着妻子，从口袋里掏出手绢，轻轻地为她擦去脸上的泪水，动情地说："家钧，大石压草草不死，抽刀断水水更流。蒋介石是大石头，我们是草，他压我们是压不死的，他烧我们也是烧不尽的。蒋介石挥舞大刀，我们是滔滔不绝的江水，他砍我们砍不断，杀我们也杀不绝。革命者一个人倒下去，还会有千万个人站起来！"

夏明翰说完，深情地注视着妻子，用手绢擦去她脸上的泪痕，坚定地走出大门。

那天晚上，夏明翰从街上给郑家钧买回一样东西，一进门就高兴地说："家钧，我给你买了一样好东西。"

郑家钧见夏明翰安全地回来了，心里非常高兴，又听说给她买了好东西，更是高兴不已，忙迎上去问道："什么好东西啊？"

夏明翰见郑家钧高兴的样子，便神秘地逗她说："你猜猜看。"

郑家钧猜了半天也没猜出来，夏明翰见她着急，便笑着打开了手里的纸包。

郑家钧一看，原来是一颗闪闪发光的红珠子。

郑家钧虽然很高兴，但却不明白夏明翰为什么送她这颗红珠，便笑着问道："买这个东西干什么？"

夏明翰回答说:"给你镶个戒指,让你戴在手上,满意吗?"

郑家钧吃了一惊,心想丈夫一心为革命奔走,早把家庭的一切都抛开了。他不计较吃穿,不讲究打扮,为什么突然买一个红珠子,还要她镶一个戒指戴在手上呢?

郑家钧想不明白,便说:"我不愿意戴戒指。"

夏明翰笑着说:"你不愿意镶戒指,就经常看看这颗红珠子,做个纪念吧!"

郑家钧听了这话,快慰地接过红珠,捧在手心里,幸福地欣赏着。

夏明翰见郑家钧那幸福开心的样子,又笑着说:"我还在纸上写了两句诗呢。"

郑家钧听了,忙把包红珠子的纸摊开,发现上面真的有两句诗:

我赠红珠如赠心,

但愿君心似我心!

看完这两句诗,郑家钧理解了夏明翰送她这颗红珠的心意。她明白这是希望她永远怀着一颗红心,忠于人民,忠于党,忠于共产主义事业,在严峻的考验面前永不变心。

郑家钧既高兴又激动,慎重地把红珠包好,用坚定而又无限深情的目光注视着夏明翰,好久没有说话。

→ "梭镖主义"

★★★★★

（26岁）

1926年12月1日，湖南省委召开湖南省第一次农民代表大会和工人代表大会，大会由负责农委工作的夏明翰和负责工委工作的郭亮主持。

毛泽东在会上作了两次报告，高度评价了湖南农民运动，指明了斗争方向。

这次大会通过了40个决议案，发表了宣言，推动了湖南工农运动的迅猛发展。

在毛泽东离开长沙赴武昌后，中共湖南区委根据毛泽东在湖南考察期间的指示精神，又召开专门会议，讨论农民协会和农民武装问题。

这天，北风怒号，寒气逼人，但省农民协会的会议室里却热气腾腾，代表们齐聚一堂，辩论激烈。

湖南省委宣传部的薛部长站起来说："我省农民运动实在太过激了，不是罚款，就是游乡，搞得鸡犬不宁，这是不受欢迎的！我认为农会要办，不办是不符合党的要求的，但农会的举动不应太过分！"

　　夏明翰克制内心的激愤，站起来反问道："什么过分了？到底哪一点过分了？我们不能看一时的表面现象，要历史地全面地看问题。农民的举动都是土豪劣绅逼出来的。土豪劣绅长期霸占肥沃的土地，骑在人民头上作威作福，剥削农民，欺压农民，这是有目共睹的。现在农民只不过是把土豪劣绅从自己的头上拉下来，这就算过分了吗？"

　　顿时，大家你一言，我一语，和薛部长激烈地辩论起来。

　　有人说："明翰说得对，这样的行动只是农民革命的开始，连这样都不行，咱们干脆回家算了！"

　　薛部长反问道"如果不算过分，那么，依夏明翰同志看，还要怎么办呢？"

　　夏明翰打着手势，坚决地说："我主张农民要有自己的武装。如果没有武装，就不能巩固农会的权力，不能保卫已经取得的胜利果实。"

　　薛部长质问道："扩大武装，说得好听，大话谁不会说！咱们一无钢铁厂，二无兵工厂，难道用梭镖武装吗？"

　　夏明翰说："对，就用梭镖武装！"

　　薛部长说："梭镖有什么用？只能赶赶鸡狗，没什么大用处？"

夏明翰气愤地说："农民用梭镖配合国民革命军打垮了北洋军阀，如今又用梭镖击败了封建地主的反动武装，梭镖就是好！"

薛部长讥讽道："你可真是个十足的梭镖主义者！"

夏明翰说："告诉你，我就是要当梭镖主义者。没有今日的梭镖，怎能有明天的大炮，难道用嘴吹出来吗？我们应该刻不容缓地发展梭镖队伍，而绝不应该轻视它，更不应该害怕它！"

夏明翰慷慨激昂的发言得到了大多数同志的赞扬，从此"梭镖主义"就变成了夏明翰的代号。

这次会议作了相应的决议，各县农民的梭镖队迅速发展壮大，北起洞庭湖，南到九嶷山，东起浏阳河，西到雪峰岭，到处响起了"梭镖亮堂堂"的歌声：

梭镖亮堂堂，农民齐武装。

砸碎旧世界，人民得解放！

→ 秘书长

从 1926 年下半年起，国共两党共同领导的北伐大革命胜利进军，轰轰烈烈的农民运动迅速发展起来。

农民的主要攻击目标是土豪劣绅、不法地主、贪官污吏和旧势力，还有各种封建宗法思想和封建统治制度。

农民运动的蓬勃发展，遭到国民党右派和封建地主豪绅的诋毁，也遭到党内右倾领导的责难。

为了回击党内外对农民运动的诋毁和责难，1927 年 1 月 4 日到 2 月 5 日，中共中央农民运动委员会书记毛泽东，到当时农民运动发展最迅猛的湖南考察农民运动。

在 32 天里，夏明翰偕同毛泽东步行七百

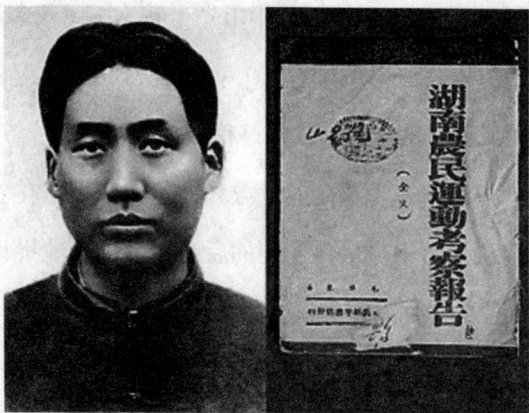
△ 毛泽东和《湖南农民运动考察报告》

多公里，实地考察了湘乡、湘潭、衡山、醴陵、长沙五县的农民运动情况。在乡下和县城，他们广泛接触广大群众，召集农民和农运干部召开各种类型的调查会，获得了大量的第一手资料。

2月5日，毛泽东结束考察回到长沙后，在湖南区委几次作关于农民问题的报告。

2月12日，毛泽东回到中央农民运动委员会驻地武昌，在武昌都府堤41号住所的卧室内写出了《湖南农民运动考察报告》。

在《湖南农民运动考察报告》中，毛泽东赞颂了农民群众推翻乡村封建统治势力的革命行动和历史功绩，批评了党内外诋毁和责难农民运动的各种谬论，阐明了农民斗争同中国革命成败的密切关系。

毛泽东在报告中说："孙中山先生致力国民革命凡四十年，所要做而没有做到的事，农民在几个月内做到了。这是四十年乃至几千年未曾成就过的奇勋。这是好得很！"

毛泽东认为一切革命的党派和同志都应当站在农民的前头领导他们前进，而不是站在他们的后头指手画脚地批评他们，更不是站在他们的对面反对他们。

毛泽东强调革命者必须依靠广大贫农作革命先锋，团结中农和其他可以争取的力量，把农民组织起来，从政治上打击地主，摧毁封建武装，重建农村政权。

这个报告是继《中国社会各阶级的分析》一文之后，进一步解决了无产阶级正确对待农民这个最主要的同盟军的重大原则问题，发展了马列主义关于工农联盟的理论，成为无产阶级及其政党领导农民革命斗争的纲领性文献。

这篇报告发表后，受到广大农民群众的热烈欢迎。

这个报告在历史的紧要关头为革命进一步指明了方向，推动了农村大革命运动的继续发展。

在湖南，广大农民群众从掌管乡政权发展为要求掌管县政权，从减租减息发展为要求没收地主土地和公平分配土地，农民群众夺取地主武装、扩大农民武装的斗争也进一步开展起来。正因为有了这样的基础，不久之后在蒋介石、汪精卫背叛革命的极为险恶的形势下，中国共产党才能够领导工农群众从大革命的失败中成功地转向土地革命战争。

与此同时，夏明翰以中共湖南区委的名义，主持撰写了《1927年1月农民运动报告》，有力地支持了毛泽东的论点，促进了农民运动的迅速发展。

　　夏明翰深受毛泽东的器重和信赖，1927年2月，毛泽东在武昌创办中央农民运动讲习所后，立即写信要夏明翰到武汉协助负责全国农民协会和讲习所的工作。

　　夏明翰到武汉后，担任全国农民协会秘书长兼农民运动讲习所和毛泽东的秘书，并在农民运动讲习所授课。

　　夏明翰以高度的工作热情协助毛泽东处理日常事务，协调各方面的关系，指导全国各省农民协会

△ 武昌都府堤41号夏明翰住过的房间

的工作，整理农运经验，编写农运教材，印发讲义，成了毛泽东最得力的助手。

➡ 誓斩蒋贼头

★★★★★

第一次国内革命战争又称"大革命"，指1924 年至 1927 年中国人民在中国共产党和中国国民党合作领导下进行的反帝反封建的革命斗争。

清朝灭亡后，在帝国主义的指使下，中国各派军阀之间混战不休，激起了人民的强烈反对。

1923 年 6 月，中国共产党第三次全国代表大会确定全体共产党员以个人名义加入国民党，与国民党建立革命统一战线，反对军阀统治。

1926 年 2 月，中国共产党向全国人民明确提出了出兵北伐推翻军阀统治的政治主张。

同年7月6日，国民革命军总司令部在广州成立。

7月9日，国民革命军的八个军约10万人兵分三路，从广东正式出师北伐。

北伐军在不到半年时间里，就从珠江流域打到长江流域，直指黄河流域。

北伐战争沉重地打击了帝国主义的在华势力，动摇了北洋军阀的统治，有力地推动了全国革命形势的发展。

革命的迅猛发展直接威胁到帝国主义的在华利益，使国内外反动势力大为恐慌。于是，他们急于从革命统一战线内部物色新的代理人，要里应外合扼杀革命。

这时，以蒋介石为代表的资产阶级右派迫不及待地投靠帝国主义和封建买办势力，阴谋篡夺革命领导权，在赣州、南昌、九江、安庆等地不断制造反共暴行。

1927年4月12日，在蒋介石指使下，反动武装在上海血腥屠杀共产党人，制造了四·一二反革命政变。

同年4月18日，蒋介石在上海成立上海国民政府，与武汉国民政府相对抗。

1927年7月15日，武汉国民政府主席汪精卫在武汉召开国民党中央"分共"会议，正式决定和中国共产党决裂。

此前，得到国共普遍认可的国民政府是武汉国民政府，七·一五政变标志着第一次国共合作已经全面破裂，也标志着大革命的彻底失败。

夏明翰闻讯，极为悲愤，挥笔写了一首诗：

越杀胆越大，杀绝也不怕。

不斩蒋贼头，何以谢天下！

这年 6 月，夏明翰被调回湖南工作，担任省委委员兼组织部长。为了斩下蒋贼之头，夏明翰拿起了枪杆子。

在这一年党的八七会议后，毛泽东回到长沙，同湖南省委商讨秋收起义计划。

夏明翰根据计划安排，向各级党组织宣传和组织秋收起义。

◁ 秋收起义纪念碑

1927年9月9日，在毛泽东指挥下，发动了秋收起义。

9月19日，进攻长沙受挫后，毛泽东率领秋收起义队伍上了井冈山，开始创建农村革命根据地。

10月间，湖南省委委派夏明翰兼任平（江）浏（阳）特委书记，以平江、浏阳为中心继续组织起义，配合井冈山的斗争。

在夏明翰的组织领导下，平江和浏阳的党组织大为发展，革命武装及工农组织空前壮大；国民党的武装及伪政权仅仅龟缩于县城弹丸之地，不敢出城门一步。

→ 平浏暴动

★★★★☆

（27岁）

1927年党的八七会议结束后，毛泽东作为中央特派员，到湖南改组了中共湖南省委并领导了秋收起义。

这时，在汉口治病的李六如听到这个消息后兴奋不已，不顾尚未康复的病体，悄悄来到党的地下交通站，要求党组织分配工作。

李六如（1887–1973）是平江献钟人，1911年参加辛亥革命，随后赴日本留学。1921年，李六如加入中国共产党，1926年曾担任北伐军第四师中将党代表。

几天后，交通员送来中共湖南省委书记彭公达的密信，要李六如速回湖南，和夏明翰一道到平浏去组织秋收暴动。

1927年9月，李六如和省委特派员夏明翰一道从长沙乘布篷轿子赶到平江献钟，李六如的婶母连雪梅高兴地接待了他们。

这里的房屋虽然宽敞，但已年久失修了。西边通竹园的三大间幽静偏僻，为了便于秘密工作，李六如将夏明翰安置在楼上。

湖南省委的计划是以素有群众基础的平江、浏阳、醴陵一带为中心，广泛开展武装斗争。李六如认为平江东乡、南乡的群众基础最好，此次暴动应以东乡、南乡为中心，逐步扩展到全县和毗邻的边界地区。

李六如想，献钟警察所和辜家洞挨户团都有枪，打蛇打七寸，首先得把这些地主武装的枪夺过来。

李六如和夏明翰商议之后，第二天便找到刚从浏阳回到平江老家罗家洞的罗纳川，决定迅速恢复党组织，组织革命武装。

在献钟召开的县委秘密会议上，夏明翰提出了"搞武装，建政权，分土地，杀土豪"的战斗口号，并改组了平江县委领导机关，成立了平江县暴动委员会，将暴动领导机关设在罗家洞。罗纳川被选为暴动委员会总指挥，县委书记毛简青兼任政治委员。

罗纳川原是一个小学教员，1925年6月加入中国共产党，次年8月任省农运特派员，到浏阳组建县农协机构，9月当选为浏阳农协委员长。他二十来岁，胆量大，能文能武。面对白色恐怖他毫无惧色，满怀革命乐观主义精神。

李六如约罗纳川来到夏明翰住的楼上，向他传达了省委的指示。

罗纳川详细报告了平江最近的情况：在"马日事变"后的平江，党与群众受到了很大的摧残。湘赣边界秋收暴动后，平江农民自卫军跟毛泽东上了井冈山，现在已经没有自己的武装了。目前，只有再来一次武装暴动，建立和扩大党的武装，才是起死回生的唯一道路。

经过商议，大家一致决定先夺取献钟警察所那几条枪，打下献钟后再打辜家洞挨户团。

第二天，李六如和夏明翰以闲游访友为名考察了附近农村。

当晚，李六如和夏明翰与当地的几名骨干分子详细商议了发动群众，攻打献钟警察所的部署。

送走罗纳川等人后，夏明翰说："依我看，平江的群众基础这么好，近来虽受到反动派的摧残，但党的力量仍很强，暴动条件是够的。不过，白色恐怖这么厉害，不晓得群众的斗争情绪怎么样？"

李六如扼要讲述了自五四运动以来平江的革命历史状况，说："只要我们党领导得好，虽然白色恐怖厉害，但还是有把握发动暴动的。"

接着，李六如诚恳地征询夏明翰的看法："您看呢？"

夏明翰走到李六如身前，拍拍他的肩膀说："这就要看我们努力的程度了，我相信群众是好的。"

直到凌晨3点，李六如和夏明翰才分头去睡。

清晨，李六如、夏明翰又一次登上附近的山头，勘察了献钟镇周围的地形。

献钟镇位于平江最高峰连云山的山口处，清澈的汨罗江像绿色的飘带环绕其间。河这边，罗家洞一带青山蜿蜒起伏，连绵不断。

从山上下来，吃过早饭后，李六如同夏明翰一道来到献钟镇。

土生土长的罗纳川熟悉献钟的地形，提出兵分六路攻打献钟的建议，立即得到刚刚察看过地形的李六如、夏明翰的同意。可是，献钟上下横街都装着牢固的木栏，如何攻进去呢？有人主张火攻，夏明翰和李六如摇头反对。他们认为放火烧木栏可能把献钟全镇付之一炬，不但会破坏市场，而且会损害居民的利益，岂不是玉石俱焚了吗？

夏明翰来回踱了几步，计上心来，喊了一声："纳川同志！献钟有个装纸工厂，何不联合他们从里边打开木栏，来一个里应外合？"

大家听了，齐声说好。

于是，他们决定让曾当过献钟装纸工会小组长的陈清泉负责打开木栏。

陈清泉住在下街，靠近木栏。他可以联络装纸工人、铁匠和警察所后面的几个菜农设法把下街、上街、横街三处木栏全部打开。

这时，镇上突然宣布戒严了。

李六如和夏明翰怀疑有人叛变告密，使敌人有了戒备。为了慎重起见，李六如提议暂时收兵，推

△ 平江起义纪念馆

迟几天再说。夏明翰同意李六如的建议，并叮嘱罗纳川做好街上的内应工作。

过了几天，献钟警察所见街上没有什么动静，也就放松了警惕。

于是，李六如、夏明翰和罗纳川决定立即行动，李六如把带回来的短枪交给了罗纳川。

当晚，按照预定计划，悄悄分两处集合了参加暴动的工农群众。大家带着大刀、梭镖、短棍、鸟铳、斧头，精神抖擞，斗志昂扬。

半夜过后，罗纳川的信号枪一响，六路人马一齐冲向献钟镇，喊声震天，把献钟镇紧紧包围起来。

陈清泉等人冒死把木栏门推开，暴动的农民像潮水似的涌进街里。

冲在最前头的是十多个大汉，一手擎着火把，一手拿着大刀。罗纳川手执驳壳枪，指挥大队人马冲进警察所。

这次暴动共缴获三条枪，还缴获了一个逃亡恶霸地主留下的一只皮箱。皮箱里除契券外，还有四百块大洋和一只金钏。

夏明翰下令把契券烧毁，大洋和金钏充公，作了扩建武装的经费。

当晚，暴动队伍冲进厘金局，逮捕了作恶多端的厘金局局长及几个劣绅。

第二天，在献钟镇河岸的沙滩上召开了几千人的大会，公审和处决了两名民愤极大的土豪劣绅。

暴动的胜利鼓舞了广大群众，曾一度被国民党反动派镇压下去的革命队伍又聚集起来。他们搜捕土豪劣绅，恢复了工农协会。

1927 年 9 月 22 日的夜里，李六如、夏明翰与罗纳川一道总结了攻打献钟警察所的经验，决定趁热打铁，扩大暴动成果，夺取辜家洞挨户团的枪。

辜家洞离献钟镇二十多里，三面环山，中间有一条溪水潺潺流过。这里店铺不多，可是恶霸地主比献钟要多。开始，罗纳川只知道挨户团有四条枪，却没弄清散藏在恶霸地主家里的枪还有三十多条。

当罗纳川带人摸到辜家洞，准备兵分三路攻打挨户团时，队伍还没来得及散开，突然一阵雨点似的枪弹从左右两面射过来。

罗纳川见形势不妙，只好率队突围。可是，敌人火力密集，经过顽强拼搏，暴动队伍虽然突出重围，却有几个队员被敌人捉去，罗纳川也下落不明。

李六如等到天亮，还不见有人前来报信，心里非常焦急。这时，一名暴动队员匆匆赶来报告说队伍已被打散，罗总指挥也不见了！

李六如和夏明翰紧急商议后，早饭也没顾上吃，就悄悄从侧门出去直奔罗家洞。

当他们赶到罗家洞指挥部时，正好碰上罗纳川脱险归来。

罗纳川将这次失败的情形细说一遍，李六如和夏明翰认为我们行动如此迅速，挨户团却能先发制人，说明一定有人走漏了消息。

他们正要查究内鬼时，有人送来紧急情报：辜家洞挨户团正在把捉到的暴动队员解往县城去，他们走的是黄花潭那条路。

李六如、夏明翰问明情况，得知负责押解的挨户团丁只有十来个人，七八条枪，便同意罗纳川的建议，挑选三十多个精壮的暴动队员，由罗纳川率领抄近路直插黄花潭，埋伏在丛林中。

不久，十来个人从远方走来，开路的是四个扛枪的挨户团丁，后面跟着一批人，三个被反绑着手的暴动队员走在中间。

罗纳川大喊一声："打呀！"同时举起驳壳枪，朝着刚刚走到悬崖边的那四个团丁连放几枪。伏在丛林中的暴动队员举着大刀和刚从献钟警察所夺来的枪猛扑下去，喊杀声和枪声响成一片。挨户团丁吓慌了，有的被打死，有的被活捉。

这场伏击战不但把被捉去的人救回来，还夺得三条长枪，抓了两个俘虏。

罗纳川审问那两个俘虏，果真有人通风报信，于是，立即逮捕并处决了查有实据的通敌分子。

接着，李六如、夏明翰与毛简青、罗纳川一道趁热打铁，创建了湘鄂赣边革命根据地。

→ 英雄弟妹

（27岁）

大革命失败后，夏明翰鼓励自己的妹妹和弟弟参加武装革命，与蒋介石代表的反动派做殊死的斗争。

夏明翰排行老三，上面有一个姐姐和一个哥哥。

夏明衡生于1902年，比夏明翰小两岁，是夏明翰的胞妹，排行老四。

夏明衡于1920年与长沙人郑哲生结婚，因与郑哲生志不同道不合，1922年离开郑家，住到姐姐夏明玮家里。

在姐姐家里，夏明衡经常阅读毛泽东创办的《湘江评论》和其他进步刊物，在夏明翰的帮助下，懂得了革命道理，最终走上革命道路。

1924年，夏明衡在省立衡阳第三女子师范读书时，参加了社会主义青年团，次年转为中国共产党党员，是省政治讲习所的学员，省学联和省妇代会代表，湘南学联骨干成员。

夏明衡精明强干，先后担任过衡阳妇女界联合会会长、国共合作时期的国民党衡阳市党部妇女部长和中共湘南特委委员。

夏明衡从小受母亲和哥哥夏明翰的影响，性格刚强，有男子汉的气质，姊妹和伙伴们都叫她"假小子"。

在抵制日货的运动中，夏明衡协助哥哥夏明翰把家中的日货付之一炬。

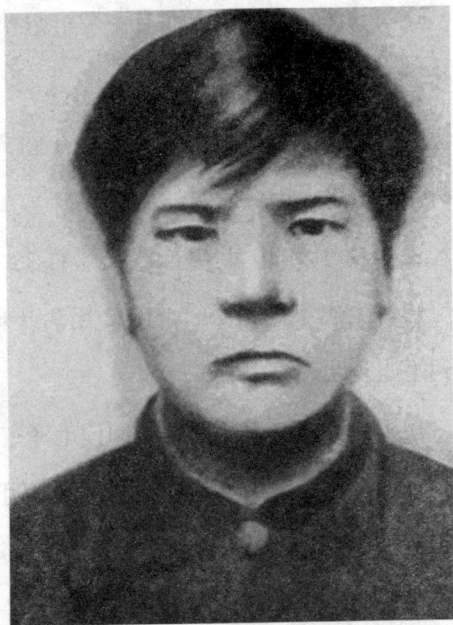

◁ 夏明衡

1926 年，衡阳县农民协会成立，夏明衡当选为妇女委员。

为培养妇女干部，夏明衡参与创办了衡阳妇女运动讲习所，对衡阳及湘南二十多个县的妇女运动起到了巨大的推动作用。

1927 年大革命失败后，在哥哥夏明翰的鼓励和支持下，她被中共湘南特委派到衡山组织暴动。

第二年春天，起义失败，夏明衡被敌人列入追捕名单。于是，前往长沙东乡打卦岭化名隐居，在一所小学里任教。

同年 6 月，敌人发现她的行踪后，派一个加强排前去追捕她。

夏明衡在前有水塘后有追兵的情况下无路可走，但她宁死也不愿意落在敌人手里，便毅然决然地纵身跳下水塘光荣牺牲。

夏明震于 1907 年生于上海，是夏明翰同父异母弟，比夏明翰小七岁，排行老五。

夏明震与夏明翰一样，十分有才华。

幼年的夏明震曾读过三年私塾，后来进入衡阳第三国民小学和衡阳县立第一高小读书。

1919 年，夏明震参加衡阳反帝爱国学生运动，协助夏明翰、夏明衡上街清查日货，并坚决支持夏明翰与封建家庭决裂。

1920 年，为了营救夏明翰，夏明震协助母亲陈云凤用斧子砍破窗棂。夏明震坚定地对哥哥说："你先冲出去，以后，我一定跟你走！"

这年，夏明震才 13 岁。

1922 年，夏明震考入衡阳湖南省立第三师范学校。在校期间，夏明震积极参加学生进步运动，很快成为湘南学生联合会的骨干成员。

在共产党人的帮助下，夏明震接受了革命思想，参加了驱逐反动校长刘志远的学生运动，并作为请愿团成员之一，风餐露宿，赴省城示威，直至斗争取得最后胜利。

驱刘斗争取得胜利后，夏明震展纸挥毫，写下诗歌一首：

> 黑水潭里的呼号声沉重着，
>
> 东方的残花，
>
> 被雨点践踏着，
>
> 更有一遍求救声——
>
> 凄凄惨惨着，却时时在我耳鼓里，
>
> 颤动着。
>
> 我非不欲当洋博士，
>
> 无奈我的心不太残忍，
>
> 实在不敢存在这个希望。

不久，经毛泽东介绍，夏明震加入了中国共产党。

1925年秋，受毛泽东的指示，夏明震进入广州农民运动讲习所第五期学习。

结业后，夏明震回衡阳从事农民运动，发展党组织。

1926年，夏明震先后担任中共湘南区委组织部长、中共衡阳县委委员、衡阳县农民协会委员长、衡阳农民运动讲习所教务长等职。

在夏明震的领导下，衡阳全县农协会员迅速发展到60万人，成为湖南农民协会会员最多的一个县。

大革命失败后，听从夏明翰的嘱咐，夏明震受命担任中共郴县县委书记，偕夫人曾志奔赴郴州地区组织武装暴动，组建了郴县赤卫暴动队，惩处了反攻倒算的土豪劣绅和挨户团头目。

▷ 夏明震

◁ 夏明霹

1928年1月12日，夏明震参与领导湘南起义，带领游击队和革命骨干组成的向导队，配合朱德攻克郴州，取得了战斗的胜利。

2月，夏明震组建中国工农革命军第七师，兼任第七师党代表，同时还创建了郴县苏维埃政府。

夏明震组织和发动县委、县总工会、县农民协会等组织，配合起义部队在全县开展轰轰烈烈的革命斗争和插标分田运动。

郴县32万亩土地中，插标分田给农民的达18万亩，成为全国最早进行土地革命的县。

由朱德、陈毅、夏明震组织的湘南暴动取得胜利后，蒋介石惶惶不可终日。为了打通湘粤大道，镇压革命斗争，蒋介石出动七个师对湘南革命军和红色政权进行围剿。

在这种严峻的情况下，湘南特委为了执行省委阻止敌人打通湘粤大道的指示，提出了"坚壁清野，焚烧整个城市，焚烧湘粤大道两侧15公里内的民房，以打断两广联络"的错误主张。

反动派利用湘南特委的错误主张，趁机造谣，蛊惑人心，利用百姓不愿意烧毁自家房屋的心理，煽动不明真相的百姓叛乱。

为了辟谣和安定民心，向群众解释焚烧房屋的原因，郴县县委于3月21日上午在城隍庙召开群众大会。

会前，夏明震的夫人曾志了解了敌人的阴谋，急忙抄近路拼命向夏明震所在的山上指挥部跑去，想通知他不要下山。不幸的是夏明震下山时走的是另一条路，两人失之交臂。

大会正在进行的时候，事先早有预谋的一小撮反革命分子煽动群众冲上主席台，手持凶器朝革命干部猛砍，当场杀害了夏明震等九名党政军领导干部。

在这次郴州事变中，共有三百多名干部牺牲，死伤一千多名无辜百姓。

曾志18岁时就加入了共产党，在参加军训的20名女孩子中，只有她一个人坚持下来。后来，她嫁给了才子夏明震。不幸的是，新婚不久，夏明震就牺牲了。

夏明震牺牲后，曾志继续革命，身经百战，为中国革命做出了巨大的贡献，解放后曾任中共中央组织部副部长和顾问。

夏明霹出生于1908年，是夏明翰的亲弟弟，排行老七。

夏明霹在省立第三师范读书时，因受哥哥和姐姐的影响，很快成为湘南学联的骨干成员。

1925年，夏明霹加入中国共产党，次年8月担任衡阳县农民协会青运委员。

1927年3月，在哥哥夏明翰的鼓励支持下，赴武昌农讲所学习，结业后回到衡阳，任衡阳农民运动讲习所教员。

大革命失败后，经哥哥夏明翰提议，由组织上派他到衡北、南岳等地从事地下游击战争。

1928年春天，夏明霹为准备在衡阳搞年关暴动，带领一批人在衡阳市郊金甲岭秘密制造武器时，不幸被敌人发现。

被捕后，敌人对夏明霹进行严刑拷打，逼他说出党的有关情况。夏明霹异常坚定，毫不动摇。敌人无可奈何，对他施以酷刑，割掉他的脚后跟，用铁丝穿他的手心，令人惨不忍睹。

夏明霹视死如归，决不屈服，高呼："共产党万岁!"并痛骂敌人不止。

2月28日，夏明霹被敌人押赴武演坪刑场，英勇就义。

◁ 曾志

→ 不幸被捕

1928 年初，党中央调夏明翰到武汉参加湖北省委的领导工作。

夏明翰接到调令，立即告别妻子和刚出生半年的女儿，风风火火赶到武汉。

当时，武汉三镇正笼罩在白色恐怖之中。

夏明翰刚到汉口，立即投入了紧张的工作。他与新任湖北省委书记郭亮一起听取了由党中央派到武汉的代表李维汉传达的中央精神。

当时，受"左"倾急躁情绪影响，瞿秋白为首的党中央想以武汉为中心发动年关暴动。这种盲目行动注定是不能成功的，夏明翰与李维汉反复商量后，根据实际情况决定取消暴动计划。

这时，桂系军阀正在大肆搜捕革命者，许

多被捕者根本不经审判便被处决,如党的一大代表李汉俊当时已经脱党,被捕后也被杀害了。

面对白色恐怖,夏明翰毫无惧色,仍奔走在各个秘密机关,部署停止年关暴动的计划。同时,他还迅速通知各县农民武装立即转移,以保存革命的有生力量。

刚到武汉时,夏明翰住在湖南商号。

除夕之夜,夏明翰来到法租界李维汉所住的旅馆,两人谈了一个通宵。

第二天,李维汉从一个茶房口中得知武汉卫戍司令部已经派人盯上他时,他立即到湖南商号将情况告诉了夏明翰,要夏明翰赶快转移。

夏明翰同郭亮商量后,决定先送李维汉回上海。于是,夏明翰将李维汉送到轮渡码头,帮他安全离开武汉。

元宵节过后,夏明翰以大商人的身份从湖南商号搬到汉口东方旅馆,与徐特立、谢觉哉等人研究下一步工作,并未受到怀疑。

不料,与夏明翰联系的交通员宋若林被捕后,可耻地背叛了革命。

组织上得到这个消息后,谢觉哉立即通知夏明翰说:"你的交通员宋若林已经靠不住,你赶快转移。"

夏明翰急忙回东方旅社收拾东西,烧毁机密文件。当他正准备转移时,叛徒宋若林带着特务闯进了房间。

宋若林花言巧语,想用高官厚禄引诱夏明翰投降。夏明翰不为所动,把他骂了个狗血喷头。宋若林气急败坏,急忙指挥特务将夏明翰带走了。

审讯室里充满阴森恐怖的气氛,主审满脸横肉,一副凶相。

审讯开始,夏明翰镇静自若地走进来,昂首对主审怒目而视。

主审问夏明翰说:"你姓什么?"

夏明翰回答说:"姓冬。"

主审诧异道:"你明明姓夏,为什么说姓冬!简直是胡说!"

夏明翰解释说:"我是按着国民党的逻辑讲话的。你们的逻辑总是颠倒黑白,混淆是非。你们把杀人说成慈悲,把卖国说成爱国。我也用你们的逻辑,把姓夏说成姓冬,这叫以毒攻毒。"

主审张口结舌,无言以对,继续问道:"你多大岁数了?"

夏明翰回答说:"我是共产党,共产党万岁!万万岁!"

主审说:"说说你的籍贯!"

夏明翰豪迈激昂地说:"革命者四海为家,我们的籍贯是全世界。相信总有一天,红旗会插遍全世界的!"

主审气得满脸通红，声色俱厉地问："你有没有宗教信仰？"

夏明翰回答说："我们共产党人不信神不信鬼，不信什么宗教。"

主审见有空子可钻，急忙问："那么，你没有信仰了？"

夏明翰一听，深知反动派这样问是一个阴谋，如果回答"没有信仰"，就等于放弃自己的马克思主义信仰而自首了，于是，他立即斩钉截铁地回答道："当然有信仰，我坚定地信仰马克思主义！"

主审见实在问不出什么，便把他们最想问的问题端出来，大吼道："你究竟知道不知道你们的人在哪里？"

夏明翰挺了挺胸说："当然知道了，他们都在我心里。"

主审气得面如猪肝，浑身发抖，结结巴巴地命令特务说："给……给我用刑！"

立即有两个特务冲了上来，要拽夏明翰的胳膊。夏明翰甩开敌人，昂头挺胸，大义凛然。敌人凶残地把竹签插进夏明翰的十指，用铁丝穿他的鼻梁，夏明翰被折磨得血肉模糊，昏死过去。

敌人用凉水把夏明翰浇醒，继续拷打。

尽管敌人无比凶残，但夏明翰始终没有被吓倒。他咬紧牙关，宁死不屈，以无比坚强的革命意志同敌人进行斗争。

→ 壮烈牺牲

（28岁）

在阴暗潮湿的牢房里，四面都是青砖高墙，东面一个狭小的铁窗射进一点点阳光。地上零乱不堪，长满杂草，堆满石块和垃圾。房子里汗味、血腥味、脏水味臭不可闻。

夏明翰戴着脚镣手铐，用刑后被关在地狱般的牢房里。

夏明翰挺着受伤的身体，给难友们讲解革命形势，鼓舞大家的斗志。

第二天，敌人又把夏明翰拉到审讯室，这次是审判官亲自出马了。

一见夏明翰，审判官急忙走上前来假惺惺地说："哎呀，夏先生，久仰，久仰！是谁把你打成这个样子的？真是混蛋。"

说到这里，审判官命令特务说："快给夏

先生把镣铐卸下来!"

一个特务走上前来刚要动手,夏明翰挣脱了,轻蔑地说:"哼,绑也绑了,骂也骂了,打也打了,你就别假惺惺的了。"

审判官脸色一变,紧接着又笑嘻嘻地说:"夏先生,兄弟请你来,无非是想交换一下看法。就目前看来,共产主义是不适合中国国情的,我劝夏先生还是悬崖勒马,弃暗投明吧!就凭先生的才华,那还不是荣华富贵,要啥有啥。怎么样,夏先生?"

夏明翰轻蔑地瞟了审判官一眼,冷笑着说:"审判官先生,在此时此地,我同你谈论共产主义的问题,看来只能是对牛弹琴了。你们屠杀劳苦大众,手上沾满了他们的鲜血,这笔血债迟早要找你们清算的。"

审判官倒抽了一口凉气,停了好久,又说:"夏先生,这是何必呢?俗话说得好:'识时务者为俊杰。'凡事要三思而行啊!先生年纪轻轻,上有高堂老母,中有美貌娇妻,下有年幼女儿,就这么撒手走了,未免太可惜了吧!"

夏明翰放声大笑说:"可惜?为共产主义而死,我死而无憾,有什么可惜?我看,审判官先生,不要费心了吧!我们共产党人热爱国家民族,热爱劳苦大众,当然也热爱自己的亲人,这一点,与你们这些衣冠禽兽是不同的。为了劳苦工农的解放,为了让后代过上美满幸福的生活,我们可以随时牺牲自己的生命。审判官先生,共产党人的这种高贵品德是你们永远无法理解的!"

审判官恼羞成怒,暴跳如雷,只得吩咐继续用刑。夏明翰又

▷ 衡阳公园里的夏明
翰烈士雕塑

一次昏死过去，被送回了监狱。

夏明翰知道，属于他的时日已经不多了。他抱着必死的决心，忍着剧痛，挣扎着拾起敌人叫他写自白书的纸笔，拖着手铐，写下了最后三封信。

第一封信是写给母亲的，他说：

你用慈母的心抚育了我的童年，你用优秀的古典诗词开拓了我的心田。爷爷骂我、关我，反动派又将我百般折磨。亲爱的妈妈，你和他们从来是格格不入的。你只教儿为民除害，为国除奸。在我和弟弟妹妹投身革命的关键时刻，你给了我们精神上的关心，物质上的支持。亲爱的妈妈，别难过，别呜咽，别让子规啼血蒙了眼，别用泪水送儿别人间。儿女不见妈妈两鬓白，但相信你会看到我们举过的红旗飘扬在祖国的蓝天！

第二封信是写给郑家钧的：

亲爱的夫人钧：

同志们曾说世上唯有家钧好，今日里才觉得你是巾帼贤。我一生无愁无泪无私念，你切莫悲悲凄凄泪涟涟。张眼望，这人世，几家夫妻偕老有百年？抛头颅，洒热血，明翰早已视等闲。"各取所需"终有日，革命事业代代传。红珠留着相思念，赤云孤苦望成全，坚持革命继吾志，誓将真理传人寰！

写完这第二封信，夏明翰抑制不住对妻子女儿的强烈爱恋，用嘴唇沾着鲜血，在信上留下一个深深的红红的吻印。

第三封信是写给大姐夏明玮和她的两个女儿的：

大姐为我坐监牢，外甥为我受株连，我们没有罪，我们要斗争，人该怎样做，路该怎样走，要有正确的答案。我一生无遗憾，认定了共产主义这个为人类翻身解放造幸福的真理，就刀山敢上，火海敢闯，甘愿抛头颅，洒热血！

写完三封家书，遍体鳞伤的夏明翰又一次被提审，敌人要下毒手了。

1928 年 3 月 20 日，牢门打开，敌人声嘶力竭地喊道："夏明翰！"

夏明翰慢慢站起来，习惯性地理了理头发，掸了掸衣服上的灰尘，扣好扣子，深情地冲难友们点了点头，微笑着昂首阔步跨出牢门。

一路上，夏明翰热血沸腾，高唱《国际歌》：

　　起来，饥寒交迫的奴隶，

　　起来，全世界受苦的人，

　　我们的热情已经沸腾，

　　要为真理而斗争……

接着，夏明翰不断地高声喊道："中国共产党万岁！打倒国民党反动派！"

到了黄石路余记里刑场，敌人要夏明翰下跪，夏明翰拒不屈服，巍然屹立，连腰也不弯一下。执刑官连忙问他："你还有什么话要讲？"

夏明翰大声说："有，给我拿纸笔来！"

夏明翰拿起笔，饱蘸浓墨，写下了一首气壮山河的五言诗：

　　砍头不要紧，只要主义真，

　　杀了夏明翰，还有后来人！

夏明翰写罢，将毛笔往地上一甩，厉声喝道："开枪吧！"

刽子手面对夏明翰凛然不可侵犯的高大英姿，两手颤抖，许久扣不动扳机。

反动派无可奈何，只得再换刽子手，我们伟

大的共产主义战士夏明翰为中国革命献出了年轻的生命。

　　夏明翰英勇就义后，谢觉哉派人将他的遗体偷运出来，安葬在汉阳鹦鹉洲长江边。

　　夏明翰在武汉壮烈牺牲后，消息传到湖南长沙，夏明翰的妻子郑家钧听到这一噩耗，异常悲痛，写下《祭夫诗》一首：

　　　　赤胆红心交给党，毕生精力献人民。

　　　　昂首刑场洒热血，忠魂犹绕汉阳城。

　　　　吊祭来迟悲更深，鹦鹉洲前日色红。

　　　　不存白骨精神在，革命还有后来人。

→ 革命还有后来人

★★★★★

夏明翰牺牲后，郑家钧于1930年来到上海，在前清的一个府台家中做绣工，为即将出嫁的小姐做嫁妆。

那时，嫁妆都是手工活，包括被面、桌布、衣领、衣袖、挂画、书签和对联等。这些都要用手工刺绣，光书签就要绣上几百个。

小姐出嫁后，向公公婆婆家的每个人及亲戚都要送上一套湘绣。

府台家中有一间绣房，不准外人进去，里面要保持绝对干净。

郑家钧的刺绣手艺极好。除刺绣外，她还要描画，包括描画中的仕女、被面上的花鸟、书签上的人物等等，这些都由郑家钧一手完成。

郑家钧整整用了三年时间才把小姐的嫁妆

做完。

三年中，郑家钧只有每个周末可以休息，时间由她自己支配。

郑家钧在府台家中做工，一是为了维持生计，养活孩子；二是用以做掩护，暗地从事革命工作。

郑家钧的真实身份是党的地下交通员，上海地下党交给郑家钧的任务是保管文件，然后到指定地点把文件交给指定的人。

这些工作都是单线联系，郑家钧与郭亮夫人李灿英联系最多。

郑家钧利用她的湘绣女工身份，为党内重要文件的收藏和传递提供了方便，以惊人的勇气和胆识继承着夏明翰的事业，为革命工作做出了很大的贡献。

解放后，郑家钧在长沙街道工作。这时，她已经四十多岁，不能再做刺绣的活儿了。于是，她开始靠糊纸盒维持生活，从不向党和国家伸手要救济和照顾。

夏明翰生前战友李维汉、谢觉哉每次到长沙，都要看望郑家钧，亲切地叫她"老嫂子"，并曾邀请她到北京去观光。

1967 年，郑家钧携外孙张朴等人到汉阳凭吊忠魂，祭奠夏明翰。鹦鹉洲头芳草萋萋，望着茫茫江水，郑家钧不禁怆然泪下，当即吟诗一首：

闻君就义汉江城，慷慨高歌主义真。

气吞山河遗篇在，血溅沙洲浩气存。

白骨推波卷巨浪，丹心永照后来人。

喜见今朝乾坤赤，英魂含笑看朝晖。

1975 年，郑家钧因病去世。

夏明翰的女儿原名夏赤云，是夏明翰取的。夏明翰说："反动派说我们是赤化分子，要把我们斩尽杀绝，我们就要子子孙孙，一代接一代，永远赤化下去，让红旗插遍全世界。"

夏明翰就义后，党组织和郑家钧怕夏赤云惨遭毒手，便让她随母姓，改名为"郑忆芸"。这个名字一直用到全国解放，解放后才改名夏芸。

解放后，当年亲自介绍夏明翰入党的毛泽东多次深切怀念夏明翰烈士，关心他的妻子和女儿。

夏明翰牺牲时，夏芸才半岁。3 岁时，母亲离家到上海秘密从事革命工作。

夏芸出生后，住在长沙郑家，基本上是由外婆带大的，一直到十多岁，饱尝了生活的艰辛。

夏芸在长沙上小学后，还未毕业日本人就占领了长沙。

这时，从上海回到长沙的郑家钧带着女儿逃难，先到郴州，后来又辗转到了耒阳。

当时，国民党湖南省临时政府设在耒阳，夏芸凭着一张难民证在湘南临时中学断断续续读了三年书，基本没有课本。

那时，她们生活十分艰难。

△ 这是谢觉哉于1960年抄录在夏明翰烈士遗像旁的就义诗

夏芸13岁就开始承担起家务活，早晨起床后要做饭，放学回来后要提水、砍柴、洗衣服。郑家钧很少做家务活儿，怕的是她那双绣花的手变粗糙了。

为了维持生计，郑家钧接一些打毛衣和刺绣的活儿来做。

抗战胜利后，母女回到长沙，夏芸考入湖南私立周南女子中学。

那段日子过得还算好，有夏明翰生前战友为夏芸提供学费。每学期夏芸都会收到一封信，指定她到某处去取钱。

1949年，夏芸考入武汉大学。仅仅读了半年书，因为交不起学费，夏芸不得不转入北京农业大学读书。北京农业大学对老区学生和军烈属子女实行供给制，免收学费。

解放后，《中学生杂志》登载了谢觉哉回忆夏明翰的文章，将夏明翰的事迹及四句就义诗向全国公布。后来，这篇文章被收入中学课本。从此，全国人民都知道了夏明翰。

夏芸继承了父亲的革命传统，从不为家庭和个人考虑任何利益。

△ 夏明翰的革命烈士证明书

夏芸大学毕业后，一直在企业工作，先是在赣南大吉山钨矿，后又调到新余钢铁厂，再到丰城矿务局，在宜春呆过十年，文革时下放四年。1975年，夏芸调到九江动力机械厂工作，直到退休。

　　夏芸为社会主义革命事业兢兢业业，忘我工作，数十年如一日。

　　刚退休时，一位北京农业大学的同学告诉她，她可以享受离休待遇，可她没有去找任何关系，说退就退了。

　　退休后的夏芸从来不麻烦别人，也不麻烦组织。

　　夏芸小心翼翼地保存着夏明翰遗像，并用一个很精致的木框装裱。照片上夏明翰烈士眉清目秀，英气十足。遗像旁，工工整整地写着那首脍炙人口的《就义诗》，字体清秀，是夏芸亲手写上去的。

　　夏芸说："在和平年代里，继承革命遗志的最好方式是诚诚恳恳办事，老老实实做人，无愧于我们的时代。"

后 记

夏明翰永垂不朽

夏明翰虽然只活了短暂的 28 个春秋，但他用热血谱写的战歌、纯洁的党性和崇高的品德永远为后人所传颂。

《东方红》是我国现代著名的大型音乐舞蹈史诗，其中就有专门表现夏明翰烈士壮烈牺牲时写下《就义诗》的悲壮场面。20 世纪 60 年代，我国排演这台大型音乐歌舞时，周恩来总理亲自指示将夏明翰及其《就义诗》编入《东方红》。

1985 年，八一电影制片厂拍摄了电影《夏明翰》，用生动的故事、丰富的画面再现了夏明翰短暂而辉煌的一生。

与此同时，许多文艺剧团通过戏曲、歌舞等形式，在舞台上用鲜活的艺术形式塑造夏明翰，表现夏明翰。这些作品形象生动，性格鲜明，真实感人，深入人心，久演不衰。

苍松掩映下的明翰公园位于衡阳市区，夏明翰烈士的铜像在公园深处静静地矗立着。为了纪念这位伟大的革命先烈，1990 年，衡阳市在公园内构筑了夏明翰铜像，并将西湖公园改名为明翰公园，供人们瞻仰。

2000 年，在纪念夏明翰诞辰 100 周年时，衡阳县人民在县城修建了夏明翰广场、夏明翰文化宫，并在广场上树立了高大的夏明翰铜像。

2002 年 5 月，夏明翰故居被湖南省人民政府列为省级文物保护单位和爱国主义教育基地。

2005 年，为了加强夏明翰故居的保护和利用，充分发挥其宣传教育作用，中央、省、市、县筹集专项经费对夏明翰故居进行了整体维修。

2005 年 9 月，在夏明翰诞辰 105 周年纪念活动中，修缮后的夏明翰故居对外开放，每年，来自全国各地的游客络绎不绝地前来瞻仰，表达他们对夏明翰烈士的崇敬之情。

在衡阳，有以夏明翰的名字命名的夏明翰中学，有以夏明翰的名字命名的街道。

在长沙，建有陈列包括夏明翰烈士革命事迹在内的湖南革命烈士纪念馆，每天都吸引着成千上万的青少年。

在汉口，毛泽东、夏明翰当年举办的农民运动讲习所，已经列为重点保护单位，供人参观。

在夏明翰诞辰 105 周年的 2005 年 1 月 14 日，胡锦涛总书记在新时期保持共产党员先进性专题报告会上，深情地朗诵了夏明翰的《就义诗》，并高度赞扬了这位革命先驱的可贵精神。

夏明翰的一生虽然短暂，但他用生命捍卫共产主义信仰的伟大精神却激励了一代又一代的革命者。

夏明翰的光辉形象犹如一座丰碑，永远矗立在党和人民的心中。